휴머니즘, 제국, 민족
한국의 문학과 문화비평

Hyumŏnijŭm, cheguk, minjok
HAN'GUK ŬI MUNHAK KWA MUNHWA PIP'YŎNG

휴머니즘, 제국, 민족

한국의 문학과 문화비평

Hyumŏnijŭm, cheguk, minjok

Han'guk ŭi munhak kwa munhwa pip'yŏng

Edited by

Travis Workman

Modern Language Association of America

New York   2023

© 2023 by The Modern Language Association of America
85 Broad Street, New York, New York 10004
www.mla.org

To order MLA publications, visit www.mla.org/books. For wholesale and
international orders, see www.mla.org/bookstore-orders.

The MLA office is located on the island known as Mannahatta
(Manhattan) in Lenapehoking, the homeland of the Lenape people. The
MLA pays respect to the original stewards of this land and to the diverse
and vibrant Native communities that continue to thrive in New York
City.

Cover illustration: Kim Whanki, *Tranquility 5-IV-73 #310*, 1973.
© Whanki Foundation·Whanki Museum.

Texts and Translations 40

ISSN 1079-252x

ISBN 9781603296106 (paperback)
ISBN 9781603296113 (EPUB)

CONTENTS

Introduction

Japan's colonization of Korea between 1910 and 1945 began a
twentieth century marked by extreme violence, dictatorial po-
litical control, rapid social and economic change, and a persis-
tent feeling of crisis on the Korean peninsula. The effects of
Japanese colonialism reverberated throughout the Cold War
and up to the present, both politically and in the ways that lit-
erary and cultural texts imagined the relationship between the
Korean nation and the world. Although the Korean War, from
1950 to 1953, remains the most defining geopolitical event for
contemporary Korea, as the historian Bruce Cumings showed,
the conditions of the outbreak of that war were not limited to
the division of the peninsula along the thirty-eighth parallel
or to the US and Soviet military occupations, but included the
class relations, political ideologies, and economic crises that
emerged through the Japanese colonial system and its sudden
collapse (xix–100). Furthermore, for those who lived through
the middle of the twentieth century in Korea, the rapid suc-
cession of cataclysmic events was not experienced as dates in
a historical chronology but rather as rapid transformations of

everyday life that carried with them the effects and memories of the past, as well as dramatic breaks and discontinuities.

However, in the presentation of Korean literary and cultural history, there has been a tendency to think of the colonial period and the post-1945 Korean peninsula as distinct spaces and times disconnected by the chronological passage from one political system (under imperial Japan) to multiple others: US occupation (1945–present) of the South and Soviet occupation (1945–48) of the North, the Republic of Korea (South Korea, founded in 1948), and the Democratic People's Republic of Korea (North Korea, founded in 1948). The division of modern Korean literary and cultural studies according to these political sovereignties is an effect of the Cold War system and the desire to create singular and continuous national stories of liberation from Japanese colonialism in both North Korea and South Korea. However, the formative period of the mid–twentieth century that this book addresses was obviously experienced differently than what we see in a historical chronology. When we read, translate, and interpret the cultural and literary texts of modern Korea, we find both continuity and change, both repetition and difference across space and time. These continuities and changes exist in the social and cultural criticism concerning humanism, empires, nations, aesthetics, and society, as well as in the genres, styles, and voices of literary texts. To contribute to the effort of reading modern Korean-language texts of literary and cultural criticism across the typical chronological periodization of Korean history, and the spatial division between North and South, this volume brings together works written before and after 1945 from colonial Korea, South Korea, and North Korea. Rather than aiming for a cohesive national story, it is organized thematically around the question of what role humanist ideas played in the formation of national, imperial, and world literatures and cultures during the mid–twentieth century on the Korean peninsula.

By focusing specifically on humanist literary and cultural criticism, this volume is also intended to facilitate an exploration of how Korean critics have tried to situate modern Korean literature and culture within a broader story of human history and cultural creation, and therefore to open up Korean criticism and literature to comparison in its many modes. Although the meaning of literature, and especially national literature, transformed greatly in Korea between the colonial period and the Cold War, one important continuity was the humanist concern with how particular historical experiences and events relate to universal ideas about humanity and the human. The essays in this volume will, I hope, facilitate conversations about the endeavor of transforming what is local or national into something global and universal as well as about the social issues—including assimilation to imperialism, national subjectivity, capitalism, and state socialism—that emerge in this process. Since translation, especially from a local or national language into global English, is often understood to serve the function of bringing texts into a global context, reading these humanist texts in Korean and English also provides the opportunity to think about the difficulty of translation and how it may complicate our sense of how the local is connected to the global.

In thinking about these problems through humanist texts, readers should keep in mind that the human is not a natural category. Although we might presume to know commonsensically the meaning of the word *human* (인간; *in'gan*), the validity and value of various concepts of the human have been debated throughout modernity, including in modern Korea, and some philosophers, such as Michel Foucault, have argued that the human was not an object of knowledge at all until the modern era. In reading this volume, one should think about the human as a *figure*, meaning an image or concept that mediates between everyday experience and the abstract realm of ideas (Foucault 318). In these texts by Korean critics, the human appears against the background of defined historical and social contexts, such as empires, colonialism, nation building, and war. However, the human also represents an ideal, abstract form (or goal) of morality, knowledge, and education.

How, then, did the writers included here think about the figure of the human and its place in the modern world? How were their abstract interpretations of literary aesthetics and cultural forms related to global discussions of politics and society and questions of imperialism and national subjectivity? In the works of the critic Paik Ch'ŏl, we can trace how ideas about the so-called new human that were first articulated during the Japanese colonial period continued to affect how intellectuals understood the role of culture and literature in connecting the imagined national culture of South Korea to US empire and the larger world. Paik's work was pivotal because he was one of the first critics to explicitly introduce theoretical arguments about the human into literary criticism in Korea. Partially in response to anticommunism in Japan, South Korea, and the United States and partially through the development of his thinking, he frequently revised his early 1930s essays on human description, which originally advocated proletarian literature and socialist realism as ideal modes of human description. He eventually argued against both psychological literature (i.e., modernism) and proletarian literature, seeing them as two ways of failing to capture the living human in its historical periods—because psychological literature depicts a fragmented and internal human and because proletarian literature is too tied to an ideological and abstract economic theory ("In'gan myosaron"). Paik remained a leading figure in literary criticism and engaged with North American and European trends, such as New Criticism. Even in the aftermath of the devastation of the Korean War, he continued to argue for a literature that could help to create a new human who would enact the reconstruction of society and overcome the fragmentation that had been caused by imperialist capitalist expansion and colonial civil war.

In addition to their own distinct insights into world history, ethics, literature, and nostalgia, the works of Sŏ Insik included here provide a window into how ideas translated from the German context, such as from the works of G. W. F. Hegel, Karl Marx, and Martin Heidegger, and from Japan's so-called Kyoto school of philosophy, such as from the works of Nishida Kitarō, Kōyama Iwao, and Tanabe Hajime, affected how colonial Korean philosophers and critics imagined the role of literature and culture in integrating the colonized Korean nation into the greater Japanese Empire, the region of East Asia, and, most important for Sŏ, world history. Sŏ began publishing as part of the Marxist-Leninist Group, which developed cultural and philosophical criticisms of capitalism and Japanese imperialism, and his work can be situated within the rich period of global Hegelian-Marxist thought in the early twentieth century, particularly in the German traditions of philosophy and critical theory and in modern Japanese philosophy. However, after experiencing imprisonment and the political pressure of the anticommunist Japanese state, Sŏ eventually wrote favorably about the potential of the East Asian Community (동아공동체; *Tonga kongdongch'e*). Although his ideas about the East Asian Community cannot be entirely disentangled from Japan's imperial state project in the late 1930s and early 1940s, Ch'a Sŭnggi and Chŏng Chonghyŏn have argued convincingly that Sŏ asserted a humanist universalism that expressed ambivalence about whether the Japanese state could truly overcome ethnocentrism and the remnants of feudalism. Sŏ's case is paradigmatic for how the philosophies of world history at the end of the Japanese Empire facilitated the intellectual capitulation of some Marxists to political positions that were much less oppositional to Japan's imperialist expansion. We also see many ripple effects of Sŏ's type of dialectical and idealist mode of analysis and his discussions of the East Asian Community in many postliberation works in both North Korea and South Korea. At the same time, it is important to remember that Sŏ's universalist philosophy expressed skepticism about whether the Japanese state was up to the task of representing East Asian peoples in the arena of world history.

Ŏm Hosŏk's essay "The Problem of Typicality in Literary Composition" ("문학 창작에 있어서의 전형성의 문제"; "Munhak ch'angjak e issŏsŏ ŭi chŏnhyŏngsŏng ŭi munje"), from 1954, gives us a sense of how Paik's centering of the human, Sŏ's analysis of the dialectics of literary convention, and Ch'oe Chaesŏ's concern with cultivation were echoed in the state socialist literary criticism forming north of the demilitarized zone in North Korea. The essay also illustrates how seemingly innocent and apolitical humanist concepts of cultivation, morality, personality, and typology can be used to denounce and justify the execution or imprisonment of intellectuals, in this case during the post–Korean War purges of 1953, when Kim Il Sung and his supporters in the Korean Workers' Party and the cultural sphere were consolidating their power over North Korean society and looking ahead to national reconstruction.

Finally, in the works of Ch'oe, a scholar of English literature, we can ask how and why an intellectual who engaged critically with the literature and philosophies of European modernism turned, like many of his counterparts in Europe, to fascist ideas about politics and aesthetics in supporting the program for a multiethnic Japanese national literature in the early 1940s. We can also see that many of his more disconcerting ideas about politics from that period were connected to his general understanding and theory of literature, which were indebted to well-known figures of English letters such as the Romantics, T. S. Eliot, and I. A. Richards, all of whom remained significant for the theories of literature that he articulated in South Korea under US neocolonial occupation. In the late 1930s he asserted that the cultivation and aesthetic

education of the human were key to overcoming the frag-
mentation and alienation caused by modern society and cul-
ture, an idea that he overtly militarized and mobilized for the
state in the late Japanese Empire and that continued to in-
fluence his canonical work on English literature and literary
theory in the 1950s.

Excluding Ŏm, who does not seem to have collaborated
with Japanese colonial authorities or made public statements
in support of Japan, Paik, Sŏ, and Ch'oe would all have been
labeled pro-Japanese (친일; *ch'inil*) in a strict application of
the Cold War framework of national liberation and national
subjectivity. In the early 1940s, these three critics wrote fa-
vorably, although to varying degrees and from different po-
litical positions, of the possibilities of a Japan-led Korea and
East Asia, and Paik and Ch'oe published numerous articles
in Japanese. However, just as the desire for the chronological
marker of 1945 to represent an absolute break from coloni-
zation to liberation led to an obscuring of how the period
was experienced in everyday cultural life and represented
in literary texts, understanding the cultural politics of mid–
twentieth century Korea in terms of pro- and anti-Japanese
positions does little to explain how and why the human-
ist discourses of the late Japanese Empire might repeat in
a different form in the postwar attempts to form a Korean
national culture and literature. One main purpose of this vol-
ume, in addition to making important texts of Korean criti-
cism available, is to open up these political conundrums to
properly comparative methodologies in research and in the
classroom, and therefore to move beyond simplistic readings

that are dependent on Cold War national identities and political oppositions.

I would now like to provide some brief context and interpretation to facilitate the reading of these texts. Paik's "The Era of Human Description" ("인간묘사시대"; "In'gan myosa sidae") in many ways inaugurated the debates on humanism that would have a prominent place in Korean literary criticism throughout the rest of the twentieth century. Influenced by socialist realism and later the humanism prominent among European liberals in the 1930s, Paik sought a theory of literary representation that would bridge elite and popular literatures and not reduce human characters to isolated psychological individuals. He directs his criticism toward the bourgeois psychological literature, including the works of now canonical authors of European modernism such as Marcel Proust and James Joyce. He ends the essay with a call for socialist realism, only a year after it was officially established as the aesthetic system of the Soviet Union, stating that it offers a path toward describing the human as a living and social being. In later revisions of this essay, and following debates with members of Korea Artista Proleta Federacio (KAPF; the Korean Federation of Proletarian Artists), Paik came to criticize leftist literature for its propensity to reduce human characters to symbols acting unrealistically and without free will, according to an abstract political or economic theory ("In'gan myosaron").[1] I have transcribed and translated the original essay directly from *The Chosun Ilbo* (조선일보; *Chosŏn ilbo*) articles of 1933. However, I encourage teachers and students to compare this version with the versions that appear in *The Complete*

Literary Works of Paik Ch'ŏl (백철문학전집; *Paik Ch'ŏl munhak chŏnjip*) and in *The Selected Criticism of Paik Ch'ŏl* (백철평론선집; *Paik Ch'ŏl p'yŏngnon sŏnjip*). Comparison of the different versions reveals how Paik later expanded his criticisms of mechanistic representations of the human to include leftist literary movements, arguing that they simplify humans and human action according to an abstract economic theory. In later versions he also quotes a more conservative source on humanism, John Ruskin, and compares the formation of human subjectivity through literary description to the "sculpting" of a Buddha statue ("조상"; "chosang"; "In'gan myosaron" 38). As he revised the essay, he began to turn to the humanism of the International Congress for the Defense of Culture, held in Paris in 1935, rather than to Soviet socialist realism.[2] Comparing the original 1933 text with the revisions reveals a fascinating historical palimpsest reflecting the political pressures directed toward leftist critics in the late Japanese Empire and in South Korea, as well as Paik's changing ideas about the possibility of proletarian literature to capture the spirit and social conditions of the human.

In each version of Paik's humanism in the essay, his primary concern is to understand human description as involved in the human's active formation and to argue against treating the human as an isolated, mechanical individual lacking in consciousness or sociality. His idea for the description of human types aims to improve on existing versions of realism by creating characters who embody both the spirit and the material social conditions of an era. Against both naturalist description and psychological literature, which cannot capture the living human, he sides with the so-called ten-dentious literature of European socialists such as Friedrich Engels and Minna Kautsky, as well as Korea's early leftist literary organization, the New Tendency Group (신경향파; *Sin'gyŏnghyangp'a*).[3] He argues that tendentious literature can describe the human as something more than a mechanical historical actor, as a being with free will and purpose.

In the early 1940s, Paik wrote articles in Japanese about the possibility of a multiethnic Japanese national literature that would include Korean literature as a minority litera-ture. However, after the end of the Pacific War and libera-tion from Japanese colonial rule, he applied a similar liberal humanist vision of national literature to the development of a Korean-language national literature that would appeal to the popular masses (대중; *taejung*). One primary concern of "Liter-ature for Thirty Million Koreans: What Kind of Literature Do the People Desire?" ("삼천만인의 문학—민중은 어떤 문학을 요망하는가"; "Samch'ŏnman in ŭi munhak—minjung ŭn ŏttŏn munhak ŭl yomang hanŭn'ga"), published one month before the start of the Korean War, is how writers can meet the chal-lenge of connecting with a sophisticated mass audience for art. According to Paik, with the reemergence of the possibility of a Korean-language national literature, the reading public desires and is prepared to encounter a literature that speaks to their experiences and the actuality of their daily lives, but the writers have failed to advance adequately. In the essay, Paik searches for a popular and public literature without the ab-stract, top-down "popularization" ("대중화"; "taejunghwa") in the mode of proletarian writers and without a condescending

and pandering reliance on sensational and vulgar imagery. He
seeks a "pure literature" ("순수 문학"; "sunsu munhak") that
captures the complexity of the living human while also being
popular. Read retrospectively, the essay ends on a tragic note,
as Paik states his hope that with the future reunification of
Korea his idea for a humanist popular literature would come
to fruition and connect all the Korean people, something that
would soon be rendered impossible by the circumstances of
the Korean War.

Paik's critiques of naturalism in "What Comes after Natu-
ralism: The Unity of the External Human and the Psycho-
logical World" ("자연주의 뒤에 올 것—외적 인간과 심리계의 통일";
"Chayŏnjuǔi ǔi twi e ol kŏt—oejŏk in'gan kwa simnigye ǔi
t'ongil") were in many ways a continuation of the project he
began two decades earlier during the colonial period: to de-
velop a literature that does not simply describe empirically
but rather shows the living human in its process of becoming
a subject and unifying with the objects of ethics and knowl-
edge. Looking back to the International Congress for the
Defense of Culture, Paik tries in the essay to revitalize the
antifascist and liberal humanism of that period without ex-
pressing his earlier explicit support of socialist realism. Look-
ing ahead, and despite the fact that the devastating Korean
War had ended only three years earlier, Paik maintains hope
that a new literature developed creatively and autonomously
by Korean writers can contribute to the construction of a new
human as part of the educational and governmental project of
forming new national subjects who are capable of rebuilding
South Korean society (a theme echoed in Ŏm's postwar text

from North Korea). It may seem untimely that Paik maintains such optimism for the humanist project in the aftermath of such cataclysmic violence, but his returning to the human as the being that can unite the past of tradition with the future of national literature shows the power of humanist ideas.

The volume includes three essays by Sŏ, one of the most erudite philosophers and critics of the late 1930s and early 1940s. These essays were all published in 1940 and were chosen because of the insight they provide into the humanist philosophical and critical foundations of the discourses of East Asian Community in the late Japanese Empire. In "The Idea and Form of Eastern Culture: Its Particularity and Generality" ("동양문화의 이념과 형태—그 특수성과 일반성"; "Tongyang munhwa ŭi inyŏm kwa hyŏngt'ae—kŭ t'ŭksusŏng kwa ilbansŏng") we can see the appropriation of a Hegelian mapping of world history, self-consciousness, and reason according to the geographical fallacies of East and West, through the translation and interpretation of statements of major philosophers of the time, such as Nishida and Kōyama. According to Sŏ, there are fundamental differences between Eastern culture and Western culture, including a lack in Eastern culture that has prevented it from acting as a unified subject in world history, from applying consistent scientific logic and reason to the "Being" ("존재"; "chonjae") of phenomena, or asserting a universal "Idea" ("이데아"; "idea") of community. He takes up and elaborates on Nishida's discussions of subjectivity as "acting intuition" ("行為的直感"; "행위적 직관"; "haengwijŏk chikkwan") and Nishida's philosophy of absolute "nothingness" ("무"; "mu"), as well as Kōyama's categorical opposition between East and

West in the context of a philosophy of world history (see Nishida).

"The Idea and Form of Eastern Culture" shows that for many Korean intellectuals, particularly a former Marxist-Leninist like Sŏ, the idea of the East Asian Community could not be founded on an existing religious or philosophical tradition with Asian origins, such as Confucianism, Buddhism, or Taoism. For Sŏ these traditions remain tied to the particularity of their national contexts and are characterized by a negation of the world and an ascetic ethos that prevent them from becoming foundational for a continuous and unifying Eastern tradition of knowledge and practice. Japan-centered pan-Asianism is commonly thought to be based in revivalist ideologies that critiqued Western modernity and argued for a return to Asian traditions. However, contrary to typical assumptions about the Asian religious and philosophical foundations for Japanese imperialist ideology in the 1940s, this essay shows that it was often secular humanism and its power in the modern world that coded how imperial intellectuals imagined the lack of subjectivity, but also future possibilities, in Eastern culture. For example, much of the work on Nishida and the Kyoto school of philosophy, both of which influenced Sŏ greatly, assumes that their Japan-centered pan-Asianism was a religious ideology and that their philosophical notions of nothingness and their support for the Japanese state were both traceable to the influence of Zen Buddhism (see Heisig and Maraldo). Sŏ's essay shows that modern philosophy across East Asia at the time was too complex to be accounted for by a single religious or cultural tradition and that a translated version of European humanism perhaps provided the most powerful intellectual justification for assimilation to the idea of East Asian Community. Finally, this essay shows how philosophers such as Sŏ translated into Korea the distinction in Japanese philosophy between the epistemological subject (주관; *chugwan*) of scientific observation and the practical subject (주체; *chuch'e*) of moral and political action. In addition to being central to Sŏ's theories of culture and literature, the idea that appears in this essay that the practical human subject is the embodiment of world-historical action and development would go on to influence Juche thought (주체 사상; *chuch'e sasang*) in North Korea and other political theories of the Cold War.

In "Literature and Ethics" ("문학과 윤리"; "Munhak kwa yulli"), Sŏ turns his concern with the power of ideas in culture and politics to literature and the ethical limitations of literary works that merely describe existing conventions and conditions. As a former communist, Sŏ held a concept of community that seems ostensibly at odds with Paik's liberal humanist and Ch'oe's fascist ideas, but he was in many ways building on their work. Sŏ cites Paik's and Ch'oe's criticisms of modern psychological literature in "Literature and Ethics" and shares these writers' concern with a lack of ethics and humanism in contemporary literature, and he ends the essay with a direct reference to Ch'oe's "The Expansion and Deepening of Realism" in calling for "human ethical authenticity" ("인간적 윤리적 진실"; "in'ganjŏk yullijŏk chinsil") as the guiding principle for realism (see also Ch'oe, "Riarijŭm" and "Expansion"). However, in a complex and dialectical reading of the relationship between convention and freedom in

the ethics of literature, he argues that a genuine literature
would represent existing conditions and conventions at the
same time as it accounts for human freedom and emotions
that exist beyond any particular historical moment. Just as
Eastern culture required both particularity and generality to
accede to the level of world history, literature for Sŏ is both
immersed in the particular ethical conventions of discrete his-
torical moments, which he refers to with the German term
Gemüt, meaning mind or feeling, and aspires toward a moral
universality that transcends particular conditions, which he
refers to as *Sitte*, or customs. The purpose of literature and its
participation in the transformation of society is to reconcile
the transhistorical idea of truth with the moral authenticity
of particular historical actors through a genuine representa-
tion of humanness. Again, the figure of the human is asked to
serve the role as the ultimate mediation between the grand
ideas that drive history and particular historical situations.
Sŏ's materialist criticism of capitalism and culture has in "Lit-
erature and Ethics" given way to a newfound idealist view of
the ethics of literature that is in some respects resonant with
the theorizations of imperial Japanese literature by critics
such as Ch'oe; although, again, Sŏ tends toward universalist
arguments that can also be read as implicit criticisms of Japa-
nese ethnonationalism.

Sŏ's "Sociology of Nostalgia" ("'향수'의 사회학"; "'Hyangsu'
ŭi sahoehak") concerns one of the most pressing issues in
literary and cultural criticism of the Japanese Empire, which
is the modern subject's connection to "home," my translation
of "고향" ("kohyang") in Sŏ's essay. During an era of ultra-

nationalism and the revival of tradition in fascist states, the question of how to analyze critically the widespread desire for a return to origins was an essential one for those Marxists who sought to maintain a more rational critique of modern capitalist society, as well as for liberal advocates of multiethnic empire who saw that an overly ethnocentric view of origins could be detrimental to the assimilation of minorities and colonial subjects. There were also unexpected twists in the reading of "home" and its connection to origins, such as the case of Im Hwa, the former leader of KAPF, whom one would expect to remain critical of the romantic and nostalgic view of home in fascist writings. As part of his support for the idea of a Japan-led East Asia, Im argued that the peasant literature of Japan should express a nostalgic view of the home village (also *kohyang*) that could provide a unified vision of origins for all East Asians (Im, "Ilbon nongmin"). In "Sociology of Nostalgia," Sŏ intervenes into the contentious discussion of home by analyzing the ideological and existential aspects of nostalgia (향수; *hyangsu*), a word that both in Korean and English (or Greek) refers to a strong feeling of pathos for home, especially an unfulfilled desire to return. By developing a more universal analysis of nostalgia that includes a theoretical explication of its ideological and commonsense interpretations, as well as the conceptualization of the human's general uncanny exile from a "primal home" ("원시고향"; "wŏnsi kohyang"), Sŏ unmoors the problem of nostalgia from any particular idea of origin in a nationalist ideology and addresses the fundamental existential anxieties that lead to nostalgia in modernity.

As discussed above, Ŏm's "The Problem of Typicality in Literary Composition" is an example of how humanist ideas concerning the cultivation of the human for the purposes of nation building can be found not only in colonial Korea and South Korea but also in the state socialist society of North Korea. The North Korean state was formed out of a Manchuria-based partisan movement against Japanese colonialism in the 1930s and was led until 1994 by one leader of that partisan movement, Kim Il Sung. Despite the anti-Japanese credentials of North Korean state leadership throughout the Cold War, however, Ŏm's essay is an example of how discussions of the centrality of cultivation (교양; *kyoyang*) for modernization and nation building that go back to Meiji-era Japan were echoed in very early critical discussions of North Korean–style socialist realism.

Socialist realism was a style of literature and the arts developed in the Soviet Union in the early 1930s by leading Russian artists such as Maxim Gorky, who claimed that this aesthetic system would document the socialist state's revolutionary transformation of social reality through a combination of realism and Romanticism. Although socialist realism was certainly known by leftist intellectuals in colonial Korea, and Paik's "The Era of Human Description" mentions it favorably, the fully developed theories and practices of socialist realism were translated into the North Korean context during the Soviet occupation of the territory in the aftermath of World War II. With Gorky's addition of Romanticism to critical realism's call to describe the economic and political exploitation of the capitalist system, we get some sense of how postrevolutionary

socialist literatures were also concerned with the cultivation
of human subjects through the reformation of their will and
imagination. Therefore, Ŏm's primary political concern with
the cultivation of the popular masses is based to some degree
on socialist realism itself, but I would argue that Ŏm is also
very much in conversation with the other strains of human-
ist thinking traced in this volume. He repeats some central
tenets of socialist realism, such as the requirement that lit-
erature portray the "positive protagonists" ("긍정적 주인공";
"kŭngjŏngjŏk chuin'gong") of the socialist revolution, and writes
of shaping the "noble moral character" ("고상한 도덕적 품성";
"kosanghan todŏkchŏk p'umsŏng") of subjects and instilling in
them "good intentions, keen wisdom, active will, and so on"
("선량한 지향, 밝은 지혜, 적극적 의지 등"; "sŏllyanghan chihyang,
palgŭn chihye, chŏkkŭkchŏk ŭiji tŭng")—qualities that each
of the essays in the volume, from the political left or right,
also sees as the necessary effect of cultivation. Ŏm calls for
the purging from the party of the great critics and writers
Im, Yi T'aejun, and Kim Namch'ŏn and a return to the "core"
("핵심적"; "haeksimjŏk") writers of KAPF. Although Im led
KAPF in the early 1930s, he was blamed for its dissolution
in 1935 under great pressure from the Japanese state, and in
this essay Ŏm accuses him—falsely, we can assume—of being
an American spy. The appearance of proper human cultiva-
tion as the central concept of such a denunciation shows how
universal humanist claims can often be put in the service of
masking or legitimating illogical or immoral political posi-
tions. The essay also provides some of the prehistory to the
human-centered philosophy of Juche thought, which would

eventually become official North Korean policy in the late 1960s. Another troubling intersection of humanism and politics appears in the works of Ch'oe. As discussed above, Ch'oe's early 1930s criticisms of the fragmentation of subjectivity in psychological literature, particularly in the works of modernist authors such as Proust, Joyce, and Yi Sang, as well as his search for a moral basis for literary subjectivity, were extremely influential throughout mid-century Korea. Against fragmentation and with an eye toward reintegrating human experience into a coherent whole through aesthetic education and cultivation, Ch'oe published "The Spirit of Cultivation" ("교양의 정신"; "Kyoyang ŭi chŏngsin") in the cosmopolitan journal *Humanities Critique* (인문평론; *Inmun p'yŏngnon*). Ch'oe states in the essay that cultivation and culture are not simply matters of individual education and development, but rather cultivation brings the individual into the life of the whole of society, and therefore cultivation must be a matter of both the individual and the whole. To contrast his ideas of education and cultivation with mere occupational training, he relies on the classic contrast between organic bodies and mechanisms, a contrast first expressed in German idealism, then in English letters by Matthew Arnold, and then in the works of Yi Kwangsu, who called for a cultural rather than mechanical education for the Korean nation as early as 1917 (Fichte; Arnold 37; Yi 328). Although Ch'oe's idea of community as an organic body was a central metaphor for the nation in fascist culture during this period, Ch'oe makes a significant plea for an education that exposes students to heterogeneous and foreign phenomena that are then brought into a harmonious state through collective cultivation.

In "What Is Poetic?" ("何が詩的であるか"; "Nani ga shiteki de aru ka"), a section of a Japanese-language book of criticism that Ch'oe published at the height of the Pacific War, *Korean Literature in a Time of Transition* (転換期の朝鮮文学; *Tenkanki no Chōsen bungaku*), we can see how the cosmopolitan idea of cultivation in the 1939 essay transformed into a more overt Japanese imperial nationalism. In the early 1940s, *Humanities Critique* became *National Literature* (国民文学; *Kokumin bungaku*), a mostly Japanese-language journal that advocated that Korean writers write as much as possible in the national language (Japanese) and that they participate in the creation of a new, multiethnic Japanese national literature. In addition to Ch'oe's references to Japanese literary traditions, and traditional works such as the *Man'yōshū* (万葉集; *Collection of Ten Thousand Leaves*),[4] as the foundation for this imperial-national literature, the essay also includes repetitions of the more general themes found in Ch'oe's "The Spirit of Cultivation," particularly in the idea that the individual is integrated into the organic whole through cultural, moral, and political practices (such as when children of a national school march in file, guided by a single idea). Furthermore, the essay argues, it is not through a social contract or shared laws that an ideal society is formed, but rather through an aesthetic experience of beauty on the part of both the participants in a mass formation and the onlooker. Such an image of total immersion in the beautiful whole belongs identifiably to fascist aesthetics, and through a comparison between "The Spirit of Cultivation" and "What Is Poetic?," it becomes possible to trace some of the uncomfortable connections between the humanist idea of cultivation as an organic cultural process and the fascist political formation.

Finally, in "The Idea of Literature" ("문학의 이념"; "Munhak ŭi inyŏm"), from his postwar work *Literary Theory* (문학 원론; *Munhak wŏllon*), Ch'oe argues in a different way for literature as individual and collective expression and as a "valuable record of human experience" ("가치있는 인간적 체험의 기록"; "kach'i innŭn in'ganjŏk ch'ehŏm ŭi kirok"). His ability with languages and his erudition are reflected in how central he was to Korean scholarship on European modernism, Japanese literature, and English literature throughout the mid-century, and his ability in the translation and interpretation of canonical texts in English literary criticism is well represented in *Literary Theory*. However, in the context of US occupation and Korean ethnonationalism—very much defined against Japan prior to the normalization of South Korean–Japanese relations in the mid-1960s—he does not, in his postliberation works, reflect critically on how he had previously put his English and Japanese literary education to work for the Japanese Empire and fascism. He remained a right-wing stalwart during the Korean War, expressing his unwavering support for United States military leadership by writing *The MacArthur Sensation* (매카-더 선풍; *Maek'a-dŏ sŏnp'ung*) and by translating Frank Kelley and Cornelius Ryan's *MacArthur: Man of Action* (Ch'oe, *Yŏng'ung Maek'a-dŏ*; see also Chŏng 184–86). This career trajectory forces us to question the politics of literary form, and especially aesthetic concepts of organic expression, the beauty of war, and revitalized tradition, beyond the imperial and national identities to which they are applied in a particular case. I will have fulfilled my purpose in editing this volume if it helps teachers and students ask and discuss such questions, questions that demand a self-reflective thinking through of the interconnections in modernity between ideas of the human and the practices of empire and nation building and that do not allow us to rely on an inherited nationalism of the victim or the perpetrator in the catastrophic period of the mid–twentieth century.

Notes

1. KAPF was an influential proletarian arts organization in colonial Korea that existed between 1925 and its disbandment in 1935. Members of the group were subject to numerous arrests and censorship by Japan's colonial authorities.

2. The International Congress for the Defense of Culture was a meeting held at La Maison de Mutualité. It was attended by numerous luminaries of European letters, including André Malraux, André Gide, Robert Musil, Henri Barbusse, and Bertolt Brecht. The purpose of the meeting was to articulate a defense of culture and humanism in the face of war and the rise of fascism.

3. In the early twentieth century, *tendentious literature* referred to literature that had a political tendency, as opposed to art for art's sake, and was theorized by Kautsky, Engels, and other European Marxists. The New Tendency Group formed in colonial Korea in the early 1920s. It also criticized art for art's sake, including the famous short story writer Kim Tongin, and insisted that literature should address social, political, and economic issues such as poverty and colonialism. The New Tendency Group's writing was the first literature in Korea to engage explicitly in class politics and a critique of capitalism. It was a precursor to proletarian literature and KAPF.

4. The *Man'yōshū* is a collection of more than four thousand poems dating from eighth-century Japan. It is considered an important foundation

for Japanese literature and was represented to Japan's colonial subjects in the 1930s and 1940s as a classic of imperial-national literature and the national language; see *Thousand Poems*.

Works Cited

Arnold, Matthew. *Culture and Anarchy*. Oxford UP, 2006.

Ch'a Sŭnggi and Chŏng Chonghyŏn. "한 보편주의자의 삶" ["Han pop'yŏnjuŭija ŭi sam"; "*Life of a Universalist*"]. 역사와 문화 [*Yŏksa wa munhwa*; *History and Culture*], by Sŏ Insik, edited by Ch'a and Chŏng, Yŏngnak, 2006, pp. 5–14. Vol. 1 of 서인식 전집 [*Sŏ Insik chŏnjip*; *Sŏ Insik Complete Works*].

Ch'oe Chaesŏ. "The Expansion and Deepening of Realism: On *Scenes by a Stream* and 'Wings.'" Translated by Christopher Hanscom. *Imperatives of Culture: Selected Essays from Korean History, Literature, and Society from the Japanese Colonial Period*, edited by Hanscom et al., U of Hawai'i P, 2013, pp. 165–79.

———. "교양의 정신" ["Kyoyang ŭi chŏngsin"; "The Spirit of Cultivation"]. 인문평론 [*Inmun p'yŏngnon*; *Humanities Critique*], vol. 2, Nov. 1939, pp. 24–29.

———. 매카-더 선풍 [*Maek'a-dŏ sŏnp'ung*; *The MacArthur Sensation*]. Hyanghaksa, 1951.

———. "문학의 이념" ["Munhak ŭi inyŏm"; "The Idea of Literature"]. 문학원론 [*Munhak wŏllon*; *Literary Theory*], Ch'unjosa, 1957, pp. 1–16.

———. "何が詩的であるか" ["Nani ga shiteki de aru ka"; "What Is Poetic?"]. 転換期の朝鮮文学 [*Tenkanki no Chōsen bungaku*; *Korean Literature in a Time of Transition*], Jinbunsha, 1943, pp. 181–86.

———. "리아리즘의 확대와 심화" ["Riarijŭm ŭi hwaktae wa simhwa"; "The Expansion and Deepening of Realism"]. 한국현대 모더니즘 비평선집 [*Han'guk hyŏndae modŏnijŭm pip'yong sŏnjip*; *Selected Works of Korean Modernist Criticism*], edited by Kim Yunsik, Seoul Taehakkyo Ch'ulp'anbu, 1988, pp. 161–71.

———, translator. 영웅 매카-더 장군전 [*Yŏngung Maek'a-dŏ changgunjŏn*; *Biography of the Hero General MacArthur*]. Ilsŏngdang, 1952.

Chŏng Chonghyŏn. "최재서의 '맥아더': 맥아더 표상을 통해 본 한 친일 엘리트의 해방전후 ["Ch'oe Chaesŏ ŭi 'Maegadŏ': Maegadŏ p'yosang ŭl t'onghae pon han ch'inil ellit'ŭ ŭi haebang chŏnhu"; "Ch'oe

Chaesŏ's MacArthur: A Pro-Japanese Elite before and after Liberation Viewed through the Emblem of MacArthur"]. 동악어문학 [*Tongak ŏmunhak; Tongak Language and Literature*], no. 59, 2012, pp. 183–222.

Cumings, Bruce. *Liberation and the Emergence of Separate Regimes.* Princeton UP, 1981. Volume 1 of *The Origins of the Korean War.*

Fichte, J. G. *Addresses to the German Nation.* Edited by Gregory Moore, Cambridge UP, 2006.

Foucault, Michel. *The Order of Things.* Translated by Alan Sheridan, Vintage Books, 1994.

Gorky, Maxim. "Soviet Literature." *Soviet Writers' Congress 1934: The Debate on Socialist Realism and Modernism in the Soviet Union*, edited by H. G. Scott, Lawrence and Wishart, 1977, pp. 27–70.

Heisig, James W., and John C. Maraldo, editors. *Rude Awakenings: Zen, the Kyoto School, and the Question of Nationalism.* U of Hawai'i P, 1995.

Im Hwa. "일본 농민 문학의 동향: 특히 '토의 문학'을 중심으로" ["Ilbon nongmin munhak ŭi tonghyang: T'ŭkhi 't'o ŭi munhak' ŭl chungsim ŭro"; "Tendencies in Japan's Peasant Literature: Particularly through 'Literature of the Land'"]. 문학의 논리 [*Munhak ŭi nolli; The Logic of Literature*], Somyŏng, 2009, pp. 630–43. Vol. 3 of 임화문학예술전집 [*Im Hwa munhak yesul chŏnjip; The Complete Literary Art of Im Hwa*].

Kelley, Frank, and Cornelius Ryan. *MacArthur: Man of Action.* Lion Books, 1951.

Nishida Kitarō. "行為的直感" ["Kōi-teki chokkan"; "Acting Intuition"]. 西田幾多郎全集 [*Nishida Kitarō zenshū; Nishida Kitarō Complete Works*], vol. 8, Iwanami, 1965, pp. 541–71.

Ŏm Hosŏk. "문학 창작에 있어서의 전형성의 문제" ["Munhak ch'angjak e issŏsŏ ŭi chŏnhyŏngsŏng ŭi munje"; "The Problem of Typicality in Literary Creation"]. 문학의 지향 [*Munhak ŭi chihyang; The Aims of Literature*], Chosŏn Chakka Tongmaeng, 1954, pp. 128–43.

Paik Ch'ŏl. "자연주의 뒤에 올 것—외적 인간과 심리계의 통일" ["Chayŏnjuŭi twi e ol kŏt—oejŏk in'gan kwa simnigye ŭi t'ongil"; "What Comes after Naturalism: The Unity of the External Human and the Psychological World"]. 문학예술 [*Munhak yesul; Literary Arts*], vol. 3, no. 1, 1956, pp. 116–22.

———. "인간묘사론" ["In'gan myosaron"; "On Human Description"]. Paik, 백철평론선집 [*Paik Ch'ŏl p'yŏngnon sŏnjip*], pp. 35–48.

————. "인간묘사시대" ["In'gan myosa sidae"; "The Era of Human Description"]. 조선일보 [*Chosŏn ilbo; The Chosun Ilbo*], 29 Aug.–1 Sept. 1933. *Chosun News Library*, newslibrary.chosun.com.

————. 백철문학전집 [*Paik Ch'ŏl munhak chŏnjip; The Complete Literary Works of Paik Ch'ŏl*]. Sin'gu Munhwasa, 1968. 4 vols.

————. 백철평론선집 [*Paik Ch'ŏl p'yŏngnon sŏnjip; The Selected Criticism of Paik Ch'ŏl*], edited by Yi Sŭngha, Chisik ŭl Mandŭnŭn Chisik, 2015.

————. "삼천만인의 문학—민중은 어떤 문학을 요망하는가" ["Samch'ŏnman in ŭi munhak—minjung ŭn ŏttŏn munhak ŭl yomang hanŭn'ga"; "Literature for Thirty Million Koreans: What Kind of Literature Do the People Desire?"]. 문학 [*Munhak; Literature*], May 1950, pp. 120–25.

Sŏ Insik. "'향수'의 사회학" ["'Hyangsu' ŭi sahoehak"; "Sociology of 'Nostalgia'"]. 조광 [*Chogwang; Morning Light*], vol. 6, no. 11, 1940, pp. 182–89.

————. "문학과 윤리" ["Munhak kwa yulli"; "Literature and Ethics"]. 인문평론 [*Inmun p'yŏngnon; Humanities Critique*], vol. 2, no. 10, 1940, pp. 6–22.

————. "동양문화의 이념과 형태—그 특수성과 일반성" ["Tongyang munhwa ŭi inyŏm kwa hyŏngt'ae—kŭ t'ŭksusŏng kwa ilbansŏng"; "The Idea and Form of Eastern Culture: Its Particularity and Generality"]. 동아일보 [*Tonga ilbo; The Dong-a Ilbo*], 3–12 Jan. 1940.

A Thousand Poems from the Manyōshū: The Complete Nippon Gakujutsu Shinkokai Translation. Translated by the Japanese Classics Translation Committee, Dover, 2005.

Yi Kwangsu. "신생활론" ["Sinsaenghwal lon"; "On the New Life"]. 이광수 전집 [*Yi Kwangsu chŏnjip; Yi Kwangsu Complete Works*], vol. 10, Usinsa, 1979, pp. 325–51.

NOTE ON THE TEXTS

I transcribed the texts from original newspapers, journals, and books, as indicated in endnotes to each essay, and also referred to two edited collections, by Sŏ Insik and Paik Ch'ŏl, respectively: volumes 1 and 2 of *Sŏ Insik Complete Works* (서인식 전집; *Sŏ Insik chŏnjip*)—*History and Culture* (역사와 문화; *Yŏksa wa munhwa*) and *Newspaper and Journal Articles* (신문 · 잡지 편; *Sinmun · chapchi p'yŏn*)—and *The Selected Criticism of Paik Ch'ŏl* (백철평론선집; *Paik Ch'ŏl p'yŏngnon sŏnjip*).

For ease of use in the contemporary classroom, Korean spellings have been modernized and standardized, except where an older spelling can convey important historical knowledge of the language. In the Korean texts, Chinese characters have been replaced with Korean script (한글; *han'gŭl*). However, some Chinese characters in their standard Korean form have been included in parentheses, following Korean academic convention, to clarify rare, archaic, or homophonic words and to facilitate teaching Chinese characters to advanced readers. For Ch'oe Chaesŏ's Japanese text, I have modernized the Chinese characters to current Japanese forms.

Use of any language other than Korean or Japanese appears as it does in the original text, including Ch'oe's English terms and quotations and Sŏ Insik's German terms.

Paik Jihye, Moon Jiyeon, and Susan Choi have generously given me their permission to reprint the essays in this volume.

Works Cited

Paik Ch'ŏl. 백철평론선집 [*Paik Ch'ŏl p'yŏngnon sŏnjip*; *The Selected Criticism of Paik Ch'ŏl*]. Edited by Yi Sŭngha, Chisik ŭl Mandŭnŭn Chisik, 2015.

Sŏ Insik. 신문·잡지 편 [*Sinmun · chapchi p'yŏn*; *Newspaper and Journal Articles*]. Edited by Ch'a Sŭnggi and Chŏng Chonghyŏn, Yŏngnak, 2006. Vol. 2 of 서인식 전집 [*Sŏ Insik chŏnjip*; *Sŏ Insik Complete Works*].

———. 역사와 문화 [*Yŏksa wa munhwa*; *History and Culture*]. Edited by Ch'a Sŭnggi and Chŏng Chonghyŏn, Yŏngnak, 2006. Vol. 1 of 서인식 전집 [*Sŏ Insik chŏnjip*; *Sŏ Insik Complete Works*].

휴머니즘, 제국, 민족
한국의 문학과 문화비평

백철

Paik Ch'ŏl (1908–85) was born in North Pyongan Province to a small landowning family. He graduated from Sinŭiju Normal School in 1926. He studied abroad in Japan in the English department of the Tokyo Higher Normal School from 1927 to 1931. He joined Nippona Artista Proleta Federacio (the Japanese Federation of Proletarian Artists) in 1930 and began publishing criticism focused on peasant literature. In 1932, he helped to found the Korean Writers' Association. The version of "The Era of Human Description" included here, from 1933, shows his early advocacy of Marxist humanism and proletarian literature, which he later recanted and revised. He spent over a year in prison, from 1934 to 1935, after he was arrested during the second incident of mass arrests of members of Korea Artista Proleta Federacio (the Korean Federation of Proletarian Artists). He published his first pieces of writing expressing political conversion in 1938. He worked for the culture department of the Korea Governor-General's Korean League for National Total Mobilization, writing articles and giving lectures on war literature, propaganda, and Japanese imperial-national literature.

After World War II, Paik was criticized for his activities during the Japanese Empire, but he was also instrumental

in the establishment of the field of literary studies in South
Korea. In 1945, under the request of Im Hwa, he edited two
volumes of the leftist journal *Cultural Front* (문화전선; *Mun-
hwa chŏnsŏn*) then resigned. In the following decades, he was
a professor at Seoul Women's Higher Normal School, Seoul
National University, Dongguk University, and Chungang Uni-
versity, publishing histories of modern Korean literature and
books on literary criticism. In 1960, he attended the Interna-
tional PEN Club Conference in Brazil and went on to become
the Korean representative of that organization, serving as the
head of the international conference held in Seoul in 1971.
The first collection of his complete works was published in
1969. His other major books include *History of New Korean Lit-
erature and Thought* (조선신문학사조사; *Chosŏn sinmunhak sajosa*;
1947), *Introduction to Literature* (문학개론; *Munhak kaeron*; 1949),
Rebuilding Literature (문학의 개조; *Munhak ŭi kaejo*; 1958), *The
ABCs of Literature* (문학 ABC; *Munhak ABC*; 1958), *Theory of Ko-
rean Literature* (한국문학의 이론; *Han'guk munhak ŭi iron*; 1964),
Twentieth Century Literary Arts (20세기의 문예; *20segi ŭi munye*;
1964), *A Literary Autobiography: Truth and Actuality* (문학 자서전—
진리와 현실; *Munhak chasŏjŏn—chilli wa hyŏnsil*; 1975), and *The
History of the Development of New Korean Literature* (한국
신문학발달사; *Han'guk sinmunhak paltalsa*; 1975).

인간묘사시대

《조선일보》1933년 8월 29일—9월 1일

1.

> 철학의 온갖 중심 문제는 인간이란 무엇인가? 인간은 세
> 계와 신의 존재 전체 가운데서 어떠한 형이상학적 지위
> 를 점정(占定)하고 있는 것인가 하는 문제에 환원된다. 고
> 대 사상가들이 항상 전체 가운데서 인간의 지위를 즉
> 인간이라는 본질과 그 실재와의 형이상학적 지위를 온
> 갖 철학적 문제의 설정의 출발점으로 한 것은 잘못이
> 아니었다.
>
> —막스 셸라

이것은 현대의 철학을 무사기(無邪氣)한 아동이 그의 상
공적(想空的) 핵심이 되어 있든 <청년헤겔>파 이전의 그
것에 귀환 시키려는 것으로서 철학적 인간학(人間學)의
반진보적 견해다. 인간에 대하여 온갖 존재자의 존재형식
(存在形式)을 인간의 존재 형식에 의존시키려는 칸트적 의
미와 일맥(一脈)을 통하고 있는 금일의 인간학자들의 철
학, 근세 철학에 있어서 최후의 전형적 대표자로 되어 있
는 후서얼의 현상학(現象學)을 위시하여 그의 후예로서

현대의 위기 철학 정신을 대표하고 있는 하이데거의 《해석적 현상학》 [그의 애칭은 <온톨로지(존재학)>]에서는 <온갖 대상은 존재 자체가 아니고 인간이라는 존재에서 추출한 약도다…>라는 의미로서 인간에 대한 해석을 내리우고 있다.

이 시론(時論)의 첫머리에서 이와 같이 불상(不祥)한 철학적 문구를 나열(羅列) 하고 있는 것은 물론 여기서 철학적 인간학에 대한 비판을 하려고 하는 것이 아니라 다만 우리들은 그들과 같이 인간을 절대적 내지 영원적 존재로서 이해해서는 안 된다는 것 따라서 내가 이 시론에서 말하고 있는 <인간>은 그러한 의미에서 설정된 <인간>이 아니라는 것이다.

여기서 철학이 아니고 문학상(文學上)에 있어서 내가 의미하는 인간은 본래 그것은 철학적 의미로서는 자연의 역사와 인간의 역사의 상호제약이라는 전제 아래서 설정된 것이며 따라서 그 <인간>은 "그들의 생산력(生産力)의 일정한 발전에 의하여 그리고 그 최고 형태에 이르기까지 그 생산력에 상응한 교통의 일정한 발전에 의하여 제약되어 있는 현실적으로 행동하고 있는 인간" (《도이치 이데올로기》)이요, 결코 외부존재와 관계를 초월한 인간이 아니라는 것이다.

그리고 여기서 이 문학시론을 통하여 설정되고 있는
<인간>에 대하여 내가 오랫동안 이와 같이 난삽(難澁)한
철학적 문구를 애용(愛用)하는 것은 본래부터 철학에 문
외한(門外漢)인 나의 할 일이 아니고 다만 기본적 의미에
<인간>이란 문구의 오용(誤用) 삼가기로 하고 다음부터
는 될 수 있는 대로 <문학>이라는 선에서 벗어나지 않도
록 노력하면서 이 시론을 진전시켜야 하겠다.

문학에 있어서 현대는 인간묘사시대(人間描寫時代)
다 . . . (이 묘사란 말은 적의(適宜)한 문구는 아니나) 이
말을 가지고 내가 현재의 문학적 성격을 설명하려고 하는
것은 직접으로는 현대에 와서 일반 작가의 주의와 관심이
인간묘사에 집중되고 있는 것을 지적하고 있거니와 그와
동시에 나는 본래부터 문학이란 것은 현대 뿐이 아니고 과
거에 있어서도 일즉히 한번도 그의 관심이 인간묘사에서
떠나 본일은 없다는 것을 생각하고 있다.

1933년 8월 29일

2.

지금까지의 문학이 항상 인간묘사를 일삼아 왔다는 것은
우리들이 문학사(文學史)를 역사의 제 측면의 하나로서

<이데올로기>의 역사의 일면을 대표하고 있다는 것을 그리고 문학이란 결국 인간생활의 인식과 관계를 기록한 것이 하는 것을 이해하면 그만이다.

이 진리에 대하여는 무엇보다도 과거의 모든 위대한 작가의 작품들이 구체적으로 그것을 증명하고 있으니 그들한 작가로서 위대한 점은 언제나 의례히 그 시대의 인간을 진실하게 묘사하였다는 데서 결정되었든 것이다.

그들의 작품에 인간의 역사적 성격과 전형적(典型的) <타입S>에 우수(優秀)하게 묘사되어 있는 것은 쉑스피어의 《햄릿》와 세르반테스의《돈키호테》뿐이 아니고 그외의 모든 거대한 작가들의 작품 예를 들면 단테의 《신곡》과 《베아트리체》, 괴테의 《파우스트》(메피스토펠레스), 위고의 《레 미제라블》 (장 발장과 코제트 등), 고골의 《검찰관》 (프레스타코프), 투르게네프의 『아버지와 아들 』(바자로프)과 《처녀지(處女地)》 (네지타노프, 솔로몬, 마리안나 등의 성격), 도스토예프스키의 작품 중의 《카라마조프형제》의 주인공 등은 어느 것이나 거기에는 인간의 우수한 묘사가 있은 것이 그들의 작품의 중요한 지위를 결정했다.

문학이 아니고 조각(彫刻)에 있어 르네상스기를 대표하고 있는 미켈란젤로가 《남녀의 창조》 즉 《인간의 창

조》에만 관심한 것은 그의 천재의 성질상 당연한 현상이
었을 뿐 아니라 그의 거대한 점은 실로 그 인간창조 그것
에 있었든 것이다. 그리고 임충(林捉)이 인간같이 보인 로
잔느에게 있어는 물론이고 인간이 노방의 목석같이 보인
플로베르의 《보바리 부인》에 있어도 그 작품의 우수한
점은 화난국(和蘭國)의 밀화적(密畵的) 소경(小景)과 또
는 선명하고 뚜렷한 보헤미아적 풍경 혹은 모네의 은색과
루소의 어둡은 낭만적 미에 사무친 풍경에 있는 것이 아
니고 그 시대의 인간의 사회생활 무답회(舞踏會)와 정치
적 집회와 청접실(廳接室)의 부인 등의 부르조아적 우아
(優雅)를 적확하게 그린 것 그리고 무엇보다도 엠마 보바
리 부인을 "소설계의 가장 완전한 초상(肖像)"으로 묘사한
점에 있었다는 것을 생각하면 이 패러독스 사실에 참말로
놀라지 아니할 수 없나 물론 그들의 작품에 등장되는 모
든 우수한 인간은 막연한 인간이 아니고 시대성과 역사성
을 띠인 인간 그리고 무엇보다도 주의할 것은 경향적(傾向
的)으로 묘사된 인간이라는 것이다. 여기서 나는 민나 카
우츠키 여사(女史)의 유명한 문구 "온갖 시대의 천재적 작
가들은 언제나 경향적 작가이였다"는 것을 생각하는 동시
에 그것과 함께 극히 교훈적인 엥겔스의 서신 (민나 카우
츠키에게 보낸 것)의 일절을 회상하고 있다.

나는 결코 고래의 경향적인 시가(詩歌)에 반동하는 것
이 아닙니다. 비극의 아버지 아이스킬로스도 희극의 아
버지 아리스토파네스도 함께 분명히 경향적 시인이었
으며 단테와 세르반테스도 전연동일(全然同一)했습니
다. 그리고 또한 쉴러의 《연애와 기교》의 주요가치
(主要価値)는 그것이 독일의 최초의 정치적 경향적 희
곡이었다는 점에 있습니다.[1] 극히 우수한 소설을 쓰고
있는 러시아와 놀웨이의 작가들도 역시 경향적입니다.

1933년 30일 8월

3.

나는 이 말에다 행히 이렇다 할 이의(異議)를 갖고 있지 못
하다. 지금까지의 우수한 작품은 그리고 거기에 등장하는
주요인간(主要人間)은 언제나 경향적이었다는 예에 벗어
나지 않았다고 생각하고 있는 까닭이다. 물론 명확한 의미
에서 그 것이 혁신적(革新的)이고 정치적이 아닌 경우는
있으나 사상적 내지 도덕적 기타 어떠한 의미에서든지 그
것은 경향적임을 일치 않고 있다 한다. 이러한 때에 왕왕
(往往)히 천재적 작가는 도데의 말과 같이 "자기가 입각하

고 있는 시대와 자기의 작품에 대하여 그 작품이 어떠한 혁신적 사명을 띄고 있는가 하는 것을 의식하지 못 할는지 모르니!" 하여튼 그 작가가 의식하지 못 함에 불구하고 일정한 우수한 작품과 인문이 경문적(傾問的)이었다는 데는 별로 의심할 것이 없다.

여기에서 오랫동안 이 경향적 사건에 머무러 있을 수 없고 다시 본제의 프로그램에 돌아가는 것이 요구(要求)되고 있다. 즉 지금까지의 모든 거작(巨作)의 지위는 <인간의 묘사>에 있었다는 점에!

그러나 여기서 주의할 것은 내가 과거의 작품성격을 그와 같이 규정한다고 하여서 그것은 그들의 작품이 언제나 인간묘사에 시종(始終)했다는 것을 의미하는 것이 아니고 페이터가 지적할 것까지도 없이 예술의 대상에는 <인간> 이외에 자연이라는 것이 있는 줄을 알고 있다.

희랍(希臘)의 자연 시인이 아니고 근대의 모든 거대한 작품에 있어도 그 가운데는 얼마나 많은 자연묘사(自然描寫)의 우수한 장면을 갖고 있음일가? 그러나 그 때에 있어도 나의 판단(判斷)에 의하면 <자연>의 제재(題材) 그것이 그 작품의 주요가치를 결정한 것이 아니고 그것은 결국 그 작품의 주요인간의 면모(面貌)를 일층풍부(一層豐富)케 하는 충실한 역할을 다한 데 불과한 것이라고 생각된다. 그리고 그러한 의미에서 예술 특히 산문예술(散文藝術)의 우수한 지위는 역시 인간묘사에서 결정된다는 주장에 별로 모순(矛盾)이 없다고 믿는다.

우수한 인간묘사가 작품의 지위결정에 있어 거대한 조건이 되니 만큼 과거의 모든 작가들이 의식적이며 무의식적임을 불구하고 인문묘사를 문학의 중심 과제로 삼아 왔으며 그 경향은 현대에 가까와질수록 점차로 현저해진 현상을 보여 주고 있다. 희랍의 시인에 비하여 르네상스기 이래의 작가가 그리고 근대의 리얼리스트들에 있어 그들이 잘못하여 자연주의작가(自然主義作家)라고 렛텔이 붙어 있음에 불구하고 그 실은 인간묘사에 전노력(全努力)을 심각히 집중한 사실을 알고 있다.

그리고 문학에 있어 이와 같이 인간묘사의 이상(理想)은 현대 및 미래에 있어 가장 농후(濃厚)해지려고 하고 있으며 그 이상은 이 시대에 와서 그중 완전히 실현되리라는 사실을 믿고 있다. 그것이 여기서 내가 현대문학의 역사적 성격을 특히 <인간묘사시대!>라고 규정지으려는 유력한 이유다.

인간묘사는 물론 이 시대에 있어 이 문학적 과제를 대표적으로 이행(履行)할 문학은 프롤레타리아문학 그 것 이외의 아무 문학도 아니다. 왜 그러냐 하면 과거의 모든 시대에 있어 그러한 것과 마찬가지로 현대에 있어도 인간을 진실하게 묘사하는 문학은 경향적 문학이며 이 시대의 경향적 문학은 프롤레타리아 문학이 이 그것을 대표하고 있는 까닭이다. 이미 백여년(百餘年) 전에 이태리문학(伊太利文學)에 대하여 스탕달이 지적한 것과 같이 위대한 세계적 사상을 일흔 계급의 문학 (현대에 있어는 자본주의(資本主義) 문학)이 참된 인간을 발견하여 묘사하지는 못하나 따라서 현대에 있어서 가장 위대하고 완전한 의미의 세계적 사상에 함양되고 있는 프로레타리아 문학만이 현대 및 미래의 진실한 인간의 타입을 발견하여 묘사할 수 있는 것이다.

1933년 31일 8월

4.

그러한 역사적 우월성(優越性)을 갖고 있는 프로레타리아 문학이 현대에 있어서 인간묘사에 주력을 집중하고 있는 사실은 결코 우연의 소치가 아니다! 프롤레타리아 리얼리즘 으로! 유물변증법적(唯物辯證法的) 창작방법(創作方法)에! 그리고 최근의 <사회주의적(社會主義的) 리얼리즘>의 제창(提唱) 아래서 그들이 묘사하려고 한 것은 집단(集團)의 행동을 통한 <전위(前衛)의 활동!>이었으며 <사회주의적 영웅>이었으며 산 인간 즉 구체적 인간을 구상화(具象化)시키는 것이었다. 구체적으로는 고리키의 《어머니》, 판페로프의 《빈농조합(貧農組合)》, 숄로호프의 《정한(靜閑)한 돈》 등 그리고 독일과 일본의 우수한 프롤레타리아 작가들에 의하여 새로운 현대적 인간의 타입이 창조되고 있다. 그리고 그 인간은 과거의 작품에서는 있어 볼 수 없는 독특한 인간 그리고 완전에 가까운 인간 타입들이다.

그러나 여기서 나는 현대에 있어서 인간 창조의 문학적 과제를 대표하고 있는 새로운 문학 이외에 그와는 다른 부면에 속하는 자본주의 문학의 정통(正統) 문학도 역시 인간묘사라는 곳에 그들의 관심과 주목이 쏠리고 있는 사실을 알고 있다. 현대에 있어 자본주의 문학으로서 가장 유명한 푸르스트와 조이스의 문학과 헉슬리의 주지주의(主知主義) 문학 기타의 일반 신변심경소설(一般身邊心境小說)까지도 그들의 문학적 관심은 확실히 인간에 집중되고 있는 것이다. 물론 그들은 전면에 있어 진실한 인간을 대상으로 하지 않고 부분적으로 인간을 내부적으로 분석하려고 하고 있다. 그런 의미에서 크레뮤의 말 "일구일팔년부터 삼십년까지의 시기는 인간분석의 시대다!"는 부르조아 문학의 현대적 특성을 스스로 고백하고 있다고 볼 수 있다.

즉 그들은 심리주의적(心理主義的) 분석방법(分析方法)에 의하여 인간 심리를 기록하려고 하는 것이다.

여기서 우리들은 현대에 있어 두 가지 계급의 문학이 비록 동일한 의미로서는 아니나 함께 인간묘사에 주력을 집중하고 있는 사실을 알고 있다. 인간묘사에! 현대의 문학적 성격은 여기에 쏠리고 있다. 하나는 <사회주의적 리얼리즘>이라는 창작방법을 갖고 또 한편은 <심리주의적 리알리즘!>이라는 문학적 수법을 갖고 있다.

1933년 9월 1일

Notes

For this essay I have transcribed the original newspaper articles from *The Chosun Ilbo*, as archived in the newspaper's online news library: Paik Ch'ŏl, "인간묘사시대" ("In'gan myosa sidae"; "The Era of Human Description"), 조선일보 (*Chosŏn ilbo*; *The Chosun Ilbo*), 29 Aug.–1 Sept. 1933, 조선 뉴스 라이브러리 (*Chosŏn nyusŭ raibŭrŏri*; *Chosun News Library*), newslibrary.chosun.com.

1. The original quotation refers to Friedrich Schiller. Paik misspells the playwright's name in hangul. This is likely a typographical error.

삼천만인의 문학—민중은 어떤 문학을 요망하는가

《문학》 1950년 5월

해방뒤 우리가 새로운 문학 운동을 제창(提唱)하여 육년 되는 오늘날, 우리 문학이 어느 만치 전진했을지 좀처럼 자신이 서지 않지만 분명한 것은 독자대중 편이 우리들보다 훨씬 전진했다는 사실이다. 이것은 문학만이 아니라 전 예술운동의 진행상태를 시야에 두고 볼 때에, 직접 그 분야를 담당하고 있는 예술가들 보다도 그 주위에 선 대중 편이 훨씬 전진한 위치인 것을 지적할 수 있을 줄 안다. 나는 그 유력한 증거의 하나로서 근년 심포니 연주와 그것을 지지하는 청중(聽衆)의 예를 든다. 해방 뒤 신출발을 한 여러 예술 부문 가운데서 혹은 노방에서 방황(彷徨)하고, 혹은 출발선에서 되려 퇴보해 버린 면도 목도되는 가운데 음악영역에서도 심포니 음악이 그 두각을 나타낸 흔적이 현저하다고 나는 "딜레탕트"로서 딜레탕트다운 해석을 내리고 있지만 그러나 여기서도 내가 수차 심포니 연주장에 갈 때마다 주목하는 것은 옛날에는 볼 수 없던 성황과 아울러 그 청중의 정숙(靜肅)한 감상태도(鑑賞態度)이었다. 우선 수차로 따져서 서울에만 만여 명의 정수의 심포니 대중을 상정(想定)할 수 있고 그 수차는 전국적으론 훨씬 배가(倍加)되어야 할 것인데 이것은 근년에 생긴 새로운 대중의 문화적 동태인 것이다.

같은 음악이라도 "보오칼"에 비하면 심포니는 일반 대중이 접근하기 어려운 난해의 부문에 속한다고 보는데 가령 그 심포니와 우리 문학 그중에서도 현대문학의 대표양식인 소설 문학과 비교해 볼 때에 소설 편이 비교할 수 없이 큰 대중성을 갖고 있는 것은 설명을 요할 일이 않일 것이다. 그런데 이 문학 부문에서도 독자대중 편이 훨씬 전진했다는 것은 전언(前言)한 바인데 여기 대해서도 나는 어느 정도의 증거를 손에 쥐고 있다. 근래 신인의 다수가 우리 문단에 등장해 온 사실은 우선 그 일단을 반증하고 있는 일이다. 신인 소설에 대해선 그들이 신세대인들이 않인데 대한 불만을 딴 논문에서 언급한 일이 있으나 그 반면이 신인 작가들이 습득하고 있는 문장을 위시한 문학상의 기교는 기성을 육박했는데 이것은 신인의 연령등으로 봐서 해방 뒤 수년간에 얻은 것으로 보면 기성인의 문학적 전진과 비하여 그들의 전진에 대단한 속도를 느끼게 되는 것이 사실인 것이다. 또 이것은 몇 사람 문단에 등장한 사람들만을 대상할 성질의 것이 않인 사실인 것도 나는 실지로 알고 있는데 나와 같이 비교적 많은 문과대학생(文科大學生)을 상대하는 문학인은 누구나 동감일 줄 알지만 금일 등장한 신인 수준의 상하에 서 있는 젊은 문학학생의 수는 실로 수다한 것으로서 서울만 해도 수백을 계산해야 할 것이고 전국적으로 천을 넘어 잡아야 할 것이다. 다시 그 수준을 일계급 내려서 문학을 애호하는 젊은 문학대중, 또 다시 일계급 내려 가서 소설을 읽고 이해하는 독자대중을 누산하면 우리 소설을 정말 이해할 수 있는 독자대중의 수를 백만까지 이상하는 것이 단순한 공상적인 계산에 끄치는 사실이 아닐 것이다. 그리고 현재 이 백만의 문학독자 대중은 실지로 기성문단을 담당하고 있는 우리 문학인들의 휴면 상태와 비하여 놀랄 만한 속도로 전진하고 있다는 사실이다. 이것은 우리 기성인들에게 있어서 놀랄 만한 일이요 두려워할 만한 사실이지만 그만치 우리 문단의 미래를 위해선 축복해서 좋은 사실이 않일 수 없다. 그리하여 우리 문학의 주위에는 백만의 독자대중이 금일 문학의 동향에 대한 증인, 목격자로서 서 있는 것이다.

우리 문학사상(文學史上)엔 수차에 걸처 계획적으로 문학 대중화를 꾀한 일이 있는데 문학성과 대중현실을 함께 무시하고 일방적으로 문학을 지하실까지 끌어내리면 그것은 "기계적"인 것이 될밖에 없었거니와 그러니 독자대중

편이 앞질러서 전진할 때에 문학은 대중성을 거부할 필요가 없고 또 거부할 길도 없을 것이다. 그때 문학은 민중과 같이 호흡하고 그들과 같이 걸어가야 할 것임에 불구하고 의연하게 작가들 편이 자기네만이 고도한 예술가연(藝術家然)하는 포-즈를 취하고 민중을 군축세계(群畜世界)로 내려 본다면 그것은 자기도취(自己陶醉)의 감상주의 이외에 될 것이 없다. 또 이때에 민중의 커다란 문학욕의 성격과 방향을 무시하고 좁은 개인적인 문학 취미 속에 칩거(蟄居)해 버리면 그것은 한개의 현실도피적인 귀족주의가 될 것인데 현재 우리 문단에 다분히 그 감상주의와 귀족주의의 편국(偏局)이 있는 것이다.

한편 대중 취미란 것을 막연히 그리고 해석하기 때문에 비속한 것만을 그들의 취미로 생각하고 가급적(可及的)으로 많은 독자를 얻는 것을 탐욕하는 나머지 성욕적인 기교한 기괴한 것 등의 저속한 세계로 작품을 끌고 들어갈 때에 그 소설이 소위 통속소설이 되어 버리는데 이런 비속주의는 우리 문단의 또 하나의 바르지 못한 경향인 것이다. 전자가 문학을 편향하고 후자가 문학을 사도화(邪道化)하고 있다면 우리 문학은 그 두 가지를 각각 청산 극복하고 하나의 본격문학을 건설해야 할 것인데 그 건설의 길은 대중을 무시할 것도 막연히 해석할 것도 아니고 이 시대의 일정한 독자대중을 정산해서 그들의 지성과 취미와 요망을 반영시켜 작품현실까지 끌어올려서 가능한 일이다.

그러면 독자대중 곁은 이상과 같은 현상인 우리 문학에 대하여 어떤 소설을 요망하고 있을까. 일언으로 말해서 그들이 친근성을 느끼는 문학, 그들의 생활과 가까운 소설, 그들이 중대관심을 갖는 사실을 그린 작품이 될 것이다. 발자크나 도스토에프스키의 주인공들은 독자들이 흔히 근린에서 볼 수 있는 친근성 혹은 증오감을 느낄 수 있는 인물들이었다고 한다. 그것은 작자가 단순이 대중 생활의 일상성을 추묘(追描)하는 데서 가급한 일이 아니고 그 생활 그 주위의 현실에서 대표적인 것 전형적인 것 주류적인 것을 선택하고 파악하고 또 문학적 리얼리티까지 끌어올려서 가능한 일이다. 대체로 민주주의부터 막연히 생각할 것이 아니고 그것이 들어와서 현단계(現段階)의 우리 현실을 형성하고 있는 모든 면상을 국민대중의 여러 가지 생활면 우에서 구체적으로 관찰 연구하는 데서부터 착수할 것인데 거기에 혼란과 부패가 있다면 그 원인을 단순한 정치성과 민도의 개념으로써 이해할 것이 아니고 이 땅의 고유의 기구와 사회풍속과 가정제도와 인습윤리 등까지를 배후에 둔 민중의 현실생활 속에서 그 진상을 파악할 것인데 그때에 우리는 민주주의의 과도기적인 전형상(轉形相)을 볼 수 있는 동시에 진실로 이 현실의 전형적(典型的)인 인물, 대표적인 악인과 선인(善人), 낡은 윤리와 새로운 애정을 발견해서 창조해 갈 수 있고 그 인물과 윤리는 직접 독자대중이 희노애증(喜怒愛憎)의 실감을 갖는 존재와 사상이 될 것이다. 그와 같이 우리 문학의 길이 좀 더 정상적인 데 있다면 문제는 의외로 단순할는지 모른다. 작가가 독자대중을 사랑하고 이해한다면 그 문학이 일부러 고도를 위한 고도인 고독의 편향에 치우친 것도 아니고 또 이상한 비속주의로 흘러도 않되고 아닌 데서 요지음 일부 대두(擡頭)되고 있는 본격적인 대중문학이란 순문학이면서 동시에 대중문학이 되는 과제가 혼자서 해결될 것이요 따라서 우리 소설은 작가 개인이나 몇 사람의 동호자의 사유물이 아니고 시대와 같이 가고 그것을 유도하는 것으로서 그것은 삼천만인의 문학이 되고 그 교시가 될 것이다. 또 우리 민족과 인류의 공감과 지성의 발달을 미래에 둔다면 삼팔선이 터진 미래에선 이번 본지 편집부에서 요망한 것과 같이 우리 소설이 삼천만 전민족의 문학으로 될 때가 올 것이요 또 그보다도 먼 미래의 이상시대에는 세계의 인류전체의 문학이 되는 것도 상망할 수 있을 것이다. 이것은 우리의 현대 정신의 몸은 리얼리티 우에 앉어 있으면서 그 날개는 항상 미래를 향하여 날아오를 경향을 취하고 있는 비약의 포—즈가 아니랴?

Note

I have transcribed this essay from Paik Ch'ŏl, "삼천만인의 문학—민중은
어떤 문학을 요망하는가" ("Samch'ŏnman in ŭi munhak—minjung ŭn ŏttŏn
munhak ŭl yomang hanŭn'ga"; "Literature for Thirty Million Koreans:
What Kind of Literature Do the People Desire?"), 문학 (*Munhak*; *Litera-
ture*), May 1950, pp. 120–25.

자연주의 뒤에 올 것—외적 인간과 심리계의 통일

《문학예술》 1956년 1월

금년 一九五六년도의 우리 문학계는 어떤 전환 비약을 약속하고 있는가. 거기에 필지(必至)할 것은 무엇인가. 보다도 필지하도록 의욕 노력할 것이 무엇인가.

근년에 들어서 우리 문학계는 우리 문단의 기성(旣成) 신생의 상태에 대하여 분명한 문학사적인 의식을 가하는 여러가지 비판적인 일이 행해져야 할 것이라 생각한다. 근년의 우리 문학계의 동정(動靜)을 살피면 가령 작년도의 발표작품들을 자료로 한다면 한편은 낡은 작품관이 그대로 무의식적으로 인습화(因習化)되어 있고, 한편은 二十세기 구미적(歐美的)이란 의미에서 퍽 새로운 소설 경향이지만 대단이 편향된, 따라서, 반드시 그것이 우리의 문학사적인 위치와 필요성에 적응한 대표적인 동향이 아니고 하나의 우연적인 것을 느끼게 하는 것이다.

우리 창작계가 이런 현상(現狀)에 놓여 있다는 것은 그 기인이 어디 있든 간에 객관적으로 보면 그것은 태만

(怠慢)과 방임이오 모순과 수의적(隨意的)이라는 비판을
받아야 할 사실이다.

우리는 해방 이후 민족문학의 수립(樹立)을 표방하고
十년간 그 과제를 추구하는데 있어서 원칙에 있어선 지방
적인 것과 세계적인 것, 기성적인 것과 현대적인 것의 상
관을 말해 왔지만, 정말 문학적인 구체적인 작품 실천 외
에는 아무것도 극복과 신경향 신수법을 반영시키지 못
했다.

이것은 첫째 우리의 문학론과 비평이 질적으로 작품
영향을 주지 못한 빈인성(貧因性)의 지증(指證)도 되지만
그보다도 우리 문학계의 전체적인 무력성을 반영시키고
있는 것인데 첫째는 민족에 대한 명확한 역사적 목표의 결
여이오, 둘째는 그것의 창조에 대한 왕성한 의욕의 결핍이
며, 나가선 그것에 대한 진실한 문학사적인 파악이 부족한
것을 반증하는 것이 된다.

결국은 문학사적인 문제로 귀착되는 것이다. 오늘 우리
가 민족문학을 작위한다는 입장에는, 가령 반일제적(反日
帝的)인, 반코뮤니즘적인, 직접 생생한 현실적인 시츄에이
션이 강한 의미도 있지만, 그러나 이런 것을 경시하지 않
는데 있어서도 종래와 같이 너무 단순한 시민적인 입장에
서 감정적인 처리를 할 것이 아니라, 거기 대한 모든 감분

(感憤)과 정력을 문학작품의 실천을 위한 윤리와 정력으로 전화하는데서, 정말 문학적인 효과를 거둘 수 있도록 세력할 일이다. 말하자면 일제와 적대해서 문학이 항쟁한다는 것은 직접 일제에 대한 감정을 노골화하는 작품을 쓰는 일 이상으로 우리의 문학작품이 일본문학계에서 생산되는 작품의 수준보다 높고 그들과 항쟁해서 이기는 일이 더 중요하며 또 문학적으로 그 방면이 본질적인 것이다. 이것은 동시에 반코뮤니즘의 입장도 문학적으론 동일한 효과를 기하는 것인데, 우리가 작위하는 민족문학이 유력한 작품 실천에서, 세계문학적인 우위(優位)에 올라서는 일, 그것을 목표한 방향과 행동에서만 효력을 발생할 것이다. 그러기 위해서는 우리가 문학사적인 정당한 위치와 의의를 파악하고 그 모든 현실 시사적인 문제를 문학사적으로 소화해 갈 뿐더러 나가서, 현재 우리 문학에 있어서 민족적인 지방적인 위치와 우리의 과거의 문학사적인 것과 필연한 관계를 추구하면서 그 전임적인 방향과, 구체적인 방법을 실천적으로 연관 추진시켜 갈 일이다.

결국 먼저 지적한 바 현재 우리 문학계의 그 태만 모순의 현상은 문학사적인 타성(惰性) 모순의 표시밖에 못되는 것이며 따라서 이 모순된 현상을 극복 타개(打開)하는 어떤 실천적인 의의와 방법이 구명되여야 할 것이다.

　　우리 문학계는 지금까지도 모든 작품자료를 뒤져 보면 그것은 넓은 의미에선 문학사적으로 아직 자연주의문학 과의 경계선을 넘어서지 못하고 있다고 볼 수 있는 것이다. 물론 우리 신문학사, 가령 一九一九년의 "창조파" 이후 三 十년간을 돌아보면 거기엔 문학사적으로 자연주의를 반 대하는 운동도 있었고, 개인적으론 일견 자연주의 경향과 는 색다른 서정적인 경향을 나타내인 예들도 없는 바 아니 지만, 그러나 좀 더 크게 보면 그것은 보다 일시적인 또 개 인적인 사상(事象)에 불과한 것이요 그 어느 하나도 전체 적으로 문학사조와 수법으로서 자연주의를 극복하고 정 말 새것으로 전환시키는데 성공한 것이 아니다. 말하자면 얼마 지나선 모두가 다시 자연주의적인 것으로 복구된 것 이다. 문학이론이나 그 성격을 생각하는데 있어서도 우리 문학인들은 정말 자연주의적인 문학개념을 떠나서 원전히 새로운 소설을 생각한 예가 개인의 예가 아닌 전세대적으 로 있는 일이 있지 않다. 작품의 예를 드러도 마찬가지이 다. 우리 소설의 경우와 같이 신변소설 또는 풍속소설이란 一九三五전후에도 주류적인 것이 되고, 오늘 一九五五년 에 있어서, 엄연히 태반(殆半)의 기성적인 작가의 세계와 수법으로 되고 있다. 결국 그때마다 제재(題材)가 바뀌였 을 뿐이지, 우리 문단의 문학정신이나 그 수법은 자연주의적인 경지에 그대로 정체(停滯)하여 있는 사실이 되여 버리는 것이다. 이런 점에 대하여 우리는 먼저 정확한 반성의 의식을 가할 필요가 있는 것이다.

그러나 물론 우리 문학사상엔, 과거에도 그리고 특히 근년 二三년간에 있어서, 시에서나, 소설에서 다 주로 신인작가들의 어떤 공동 포조에 의하여 새로운 유력한 경향이 이러나고 있는 것은 현저한 사실이다. 이것은 먼저 언급한 바와 같다. 그러나 여기서 다시 지적할 것은 그 신인의 경향들이 어떤 문학사적인 반동에서 오는 전체적인 문학계의 기운인가 하면 암만해도 문학사적인 본격적인 지위가 아닌 인상을 주는 것이다. 그런데 여기서 우리나라 신인들이 띄고 나선 그 신경향이란 첫째로 우리의 문학을 위한 독자적인 입장에서 설정된 것 보다는 유롭의 二十세기적인 신경향을 접수한 경우로 되여 있는 사실이다. 여기엔 두가지의 난점이 있다. 우선 유롭의 二十세기적인 그 신경향이 반드시 우리 문학에서도 현대적인 것으로 적용될 수 있는가 하는 것과 또 하나는 현재 그 유롭의 신경향은 거기 문학사로 봐서 정말 정통을 의미하는가 하면 우리는 두가지 경우에 대하여 다 의문을 갖는 것이다.

뒤의 것부터 이야기 하자.

　二十세기의 유롭문학이 근대문학 특히 十九세기의 자
연주의 문학에 반동하고 나선 것은 문학사적으로 크고 필
연한 전환을 의미했다. 그러나 전환 뒤에 온 것이 문제이다.
二十세기의 수다한 신문학사조와 그 경향을 놓고 보면 그
모두가 일치해서 十九세기를 반대하고 파괴하는 입장에
선 것은 좋았을는지 모르지만, 그것이 다만 十九세기를 반
대하기 위한 반대에 그쳐 버리고, 그 신경향 자체로선 아
무런 새로운 문학사적인 장면이 되지 못한 채 하나의 실
험에 그치고 만 경향이 있다. <二十세기의 지적 모험>의
저자의 말과 같이 그것은 모두가 하나의 지적 모험에 그치
고 만 것이다. 그 중에서 예를 들면 二十세기적인 문학으로
서 유력한 것은 소위 심리주의 문학인데, 우리는 일차 거기
에서 문학사적인 의의를 검토할 필요가 있다.

　十九세기의 자연주의 문학은 주로 인간의 외부세계를
세묘(細描)해 가지고 인간의 본질을 파악했다고 보고 문학
의 수법을 다 했다고 생각한 것에 대하여 심리주의의 문학
은 반대로 인간의 내부세계를 추색(追索)하여 문학 세계
의 큰 전환을 보게 된 것이다. 그것은 확실히 문학에 있어
서 신대륙의 발견이었다. 인간본질의 타반면(他半面)을 여
기서 찾어낸 것이다. 왜 그러냐 하면 인간의 본질은 외부
적인 데만 있는 것이 아니라, 동시에 내부적이며 합리적인

세계에서만이 아니라 비합리적인 데에도 그 본질은 있기 때문이다. 그 점에서 우선 우리는 二十세기의 심리주의 문학의 문학사적인 개척의 문학사적인 공적을 인정하지 않을 수 없다. 그러나 결과는 전적인 것이 아니었다. 말하자면 장님들이 큰 동물의 일부분을 갖고 그 동물의 전체를 말한 것과 같은 편면성에 떠러졌다. 인간의 외부세계가 인간의 전부가 아닌 것이다. 그와 같이 무제한한 내부세계란 문학사적인 필연한 요구에 응하여 온 것이 아니고 단순한 외부 문학에 대한 반동심리에서 치래(致來)된 것에 불과한 것이다. 물론 이러한 내부의식의 과잉은 단순한 심리적인 우연의 사실이 아니고 그 뒤에는 근대의 기구한 지식인적인 사회적 지위의 특수성에서 그는 시대적 사회적 배경이 있는 것인데 그렇기 때문에 나는 여기서 一九三五년경(年頃)에 개최되였던 서구지식인회의에서 토의한 주제 "현대인간의 형성" 문제를 문학사상에 있어서도 중요한 획기적(劃期的)인 일이었다고 생각하면서 二十세기의 심리주의 문학을 대하는 것이다.

문학사적으로 二十세기가 十九세기 문학을 반대하는 것은, 그것을 전적으로 부정 폐기하는 것이 아니고 그것을 계승(繼承) 발전시키는 의미라고 하면, 그것이 심리주의 문학과 같이 편향과 일면적인 과잉은 될 것이 아니다.

인간의 본질을 파악하는 데 있어서 자연주의적인 인간관
이 편면에 불과하다고 하면 二十세기는 그 편면을 합리적
으로 살리면서 타일면을 추구하여 그 보충(補充)과 통일
을 기할 것이 아닌가. 三五년도의 지식인 회의의 토의주제
도 요령은 그 편면된 인간관 작품세계의 불균형을 비판한
기회라고 생각한다. 당시의 그 회의는 일견 파시즘에 대한
정치적인 비판의 의미가 강했기 때문에, 많은 사람이 거기
에서 오는 문학사적인 비판과 교훈을 간과해 버렸지만 그
것은 확실이 현대문학에 대한 본질적인 수정(修正)의 의미
를 갖고 있은 것이다. 내가 근년의 우리 신인작가들의 내부
의식의 소설을 읽으면서도 느끼는 것은 그것을 역시 반맹
목적(半盲目的)으로 접수하고 있지 않나 생각되여진 점이
다. 서구에서 정통이 아니고 하나의 편견적인 표현이라면
그것이 그대로 우리에게 와서 정통적인 문학이 될 수 없기
때문이며 나가서 현대문학에 있어서 컴플렉스의 문제 고
도한 형식성의 문제 등도 여기에 포함시켜서 우리의 현대
시 현대소설을 작위하는데 재성(再省)할 것이라 생각되는
것이다. 여기 대해서 나는 수차 언급한 일이 있는데 우리
가 외국문학의 현대적 경향과 수법을 받아 드리는데는 항
상 그곳의 문학사적 발전의 의미와 이쪽의 현실적인 문학
사적인 입장을 엄격히 고찰해서 할 일이다.

그러면 현재 우리 경우에서 문학사적으로 어떤 일이 일어날 수 있다고 기대될 것인가. 一九五六년도 우리 문학에 가해진 과제가 무엇일까.

분명한 일의 하나는 우리에게 있어서도 자연주의 문학은 그 인간관과 수법 등이 낡어 빠졌다는 사실이다. 우리 작가들이 아직 그 타성에 있어서 자연주의적인 것을 무의식적으로 답습(踏襲)하고 있는 사람들도 자연주의적인 것은 낡었다고 생각하고 있으면서도 쉽게 그 습성적(習性的)인 데서 떠나지 못하고 있을 뿐인데 금년의 문학은 전적으로 그 일을 청산하도록 노력할 일이다. 이제 새삼스럽게 자연주의 문학에 대한 청산운운은 뒤떠러진 이야기 같지만 그러나 우리 문단 현실로 봐선 무엇보다도 그 해결이 실질적으로 요구되는 일이다. 그러고 내 생각에는, 이것은 우리 문단에서만이 아니고 저렇게 앞으로 선진해버린 구미의 二十세기 문학도 일차 자연주의와의 경계선까지 돌아와서, 거기서부터 재출발할 필요가 있다고 느껴진다. 왜 그러냐 하면 우리가 방향을 잘못 찾고 길을 헛든 경우엔 일차 출발점까지 돌아가서 재출발하는 것이 방법적으로 정당하고 효과적이기 때문이다.

자연주의 문학은 근대문학사에 있어서 이대 주류의 하나이며서 그 후반을 대표한 정통 지위의 문학이다. 문학사

적인 지위는 우리나라 신문학 사상에 있어선 다른 의미에
서 더 중대하다. 우리는 자연주의 문학을 받아들임으로써
근대 문학의 개념을 파악했고 그것에 의하여 우리 신문학
의 유일한 실적인 단편소설을 써왔던 것이다. 말하자면 우
리문학은 자연주의에 의하여 하나의 지반을 준비했기 때
문에 이것을 근거하지 않고 우리의 행동은 시작될 수 없
다. 근래 우리 신인들이 하는 소설의 세계와 방법이 어느
의미에선 너무 새롭고 어긋난 길이라는 이유는 그것이 너
무 자연주의적인 지반과 동떠러진 일이라는 것과 확실이
관계되여 있는 것이다.

그러니까 우리가 이제 자연주의 직후에서 재출발한다
는 것은 반드시 진부한 일이 아니고 방법으로는 선진한 서
구의 二十세기의 문학과정을 비판 대상으로 하면서 근대
와 현대와의 교류된 전후 모순된 관계를 동시에 통일적으
로 해결하는 경우를 예상하면 될 것이다. 이것은 결코 허
욕이 아니고 우리가 정말 문학사적인 극복을 한다는 것은
일견 그와 같은 복잡한 관계를 질적으로 비약적으로 전행
시키는 것을 목표하는 것이다.

그러면 우리가 자연주의에서 이탈한다는 것, 그것을 극
복한다는 것은 그 방법적인 요령이 무엇일까. 여기에 몇가
지 주요항목을 내걸 수 있다.

첫째는, 이제 오는 문학의 주인공, 작중의 인물들은 어떤 인간인가 하는 점이다. 결국 새로운 문학은 새로운 인간의 문제로 되지 않을까?

여기 그 인간의 본질에서, 二十세기의 심리주의의 문학을 섭수할 것인데 말하자면 새 문학이 창조하는 인간에 있어서, 내부적인 심리적인 것이 어느 정도의 체적을 찾이하게 될 것이냐 하는 것이며 적어도 그것은 심리주의의 문학에서와 같은 편향과 과잉이 않일 것이다. "현대인간의 형성"에서 보면 그것은 두뇌와 사지(四肢) 균형과 조화가 된 인간이오 그 뒤의 주체성에서 보면 주관과 객관이 통일된 인간을 뜻하는 길이 된다. 내가 말하고 싶은 것은 그 작중의 인간의 심리란 그 전후에 행동적인 계기와 결과를 두지 않은 것은 진실한 것이 아니다. 적어도 건전한 것이 아니다. 문학이 인간의 본질을 추구한다는 것은 어떤 개인적인 신경쇠약의 환자에게서가 아니고 커다랗고 전체적인 방법과 뜻을 대표하는 인류적인 의미의 인간인 것이다. 그런 인간은 본질적으론 결코 심리로서만 생존할 수 있지 않고 행동의 세계와의 관련과 통일에서만 존재할 수 있을 텐데, 우리가 금후 문학에서, 인간을 창조하는데 있어선, 먼저 자연주의 문학 기계적인 인간을 반대하는 동시에, 항상 현실적인 조건과의 필연관계에서 심리세계를 추구하는 것이 문학적인 발전을 위한 중심적인 계기가 될 줄 믿는 것이다.

둘째는 그 인간의 내외 관계에 윤리성을 가할 것이라 본다. 인간은 기계적으로 움지기는 것이 아니고 또 수의적(隨意的)인 것도 안 된다고 본다. 인류의 역사를 주검의 역사로 보고 시대와 현실을 병실로 보아 버리고 말 수도 있지만 그것은 너무 편견이오 따라서 진실한 견해도 아니다. 또 인간을 합리와 정상성(正常性)에서 보지 않고 비이성과 모순과 불가사의에서 볼 수도 있지만 그것도 반드시 정당한 견해가 아니다. 과연 二十세기는 어두운 환경이오 좀처럼 정상적인 기획이 서는 경우가 아니다. 여기서 명확한 역사관을 세울 수 없다면 적어도 인류적인 역사성을 인간의 본질에서 신뢰할 수 있어야 할 것이다. 난취(亂醉)한 사람이 밤중에도 도중에 여러번 헛길을 들지만 결국은 자기의 집을 틀리지 않고 찾아가는 예를 우리들은 알고 있으며, 또 그것이 당연하다고 신뢰할 수도 있는 것이다. 인류의 역사는 결국 더 행복된 세계를 향하고 가는 것에 틀림이 없다는 역사적인 신뢰에서, 우리 인간은 현재의 순간에서도 그 모든 병적인 현상에 대하여, 그것을 윤리적으로 비판하고 또 자기의 인생관 세계관을 극기적으로 이끌고 나가는 일이 이때에 중요한 역사적인 의미를 띄는 것이다.

셋째로 문학적인 수법도 우리가 대상하는 인간의 의미와 상응해서 추구해 올 때에, 그것은 종래의 자연주의 문학의 수법의 평면 사서적(私敍的)인 것과 비하여 입체적이오 종합적인 성질을 띠게 될 것은 알 수 있는 일이다. 그 위에 현대적인 기계문명의 입체성과 그 미와, 속도와 결감 시각성(視覺性) 등을 가해보고, 나가서 영화 테레비전 등의 현대적인 예술의 수법과 리얼리티를 종합하면 우리의 추구하는 수법이 단순히 추상적인 이론이 아니고 작품적인 실천에서 오는 한, 의외로 새로운 유력한 창작 수법을 발견 강화할 수 있을 것이다.

넷째로 인간창조와 수법의 문제에 다 관련이 되는 것인데 그런 새로운 문학의 공작을 위하여 금년은 우리의 고전문학과 그 전통에 대한 추구를 실천에 옮겨야 할 일이다. 우리가 자연주의를 극복한다는가 산문(散文)문학의 독자적인 성격과 수법을 규정하는 과제는 결국은 어디다가 입각하고 하는 일이냐 하면 우리의 근대적인 고전문학의 발달을 하나의 커다란 전제로 삼는 일이다. 그 때문에 금년은 우리문학이 좀 더 고전문학의 연구가들과 유기적인 실천적인 관계를 갖는 것이 필요하며 나가서, 그것을 옮겨다가 하나의 현실적인 방법으로서, 재생시키고 발전시키는 노력을 다할 필요가 있다고 생각된다.

Note

I have transcribed this essay from Paik Ch'ŏl, "자연주의 뒤에 올 것—외적 인간과 심리계의 통일" ("Chayŏnjuŭi ŭi twi e ol kŏt—oejŏk in'gan kwa simnigye ŭi t'ongil"; "What Comes after Naturalism: The Unity of the External Human and the Psychological World"), 문학예술 (*Munhak yesul; Literary Arts*), vol. 3, no. 1, 1956, pp. 116–22.

서인식

Sŏ Insik (1905–unknown) was a socialist activist and intellectual of the Japanese colonial period. He was born in Hamhŭng in South Hamgyong Province. In 1924, he graduated from the Chungang Normal School in Seoul and then went to Tokyo, entering the philosophy department of Waseda University. In 1928, while active in the eastern cell of the Korean Communist Party in Japan, he was promoted to head of the Totsuka cell of the Korean Communist Youth Association. He organized for the association within the New Scientific Research Association, a socialist research group begun by exchange students in Tokyo. He became a member of the anti-Japanese umbrella organization Sin'ganhoe and was subsequently expelled from Waseda University.

In 1929, Sŏ went to China and discussed the best course for rebuilding the Korean Communist Party with the Marxist-Leninist Group. He returned to Korea at the end of 1930. In February 1931, he became a leader and scribe for the propaganda division of the League to Reestablish the Korean Communist Party but decided to dissolve that organization at the Yŏngdŭngp'o Conference two months later. He distributed manifestos on topics such as the internal problems of the Sin'ganhoe, labor unions, and textile worker strikes.

He helped form the Korean Communist Association in Taegu later that year and was tasked with publishing its journals, *Beacon* (봉화; *Ponghwa*) and *Communist* (코뮤니스트; *K'omyunisŭt'ŭ*). The Japanese police arrested him the following year. On 21 April 1933, at the Taegu regional court, he was sentenced to five years in prison for violating publishing laws and the Peace Preservation Law.

Only after serving his prison sentence did Sŏ begin publishing the kind of erudite philosophical articles on culture and literature found here. From 1939 until the end of World War II, in many newspaper and journal articles, he developed arguably colonial Korea's most philosophically sophisticated discussions of dialectics, labor, nation, state, culture, literature, modernity, and the East Asian Community. The essays translated and collected here show his range as a thinker, addressing issues as diverse as the philosophical foundations of East Asian culture, nostalgia, and literary realism. At the end of the war, he went to North Korea with the dream of actualizing a new socialist society. He died sometime in the 1950s, and his death may have been at the hands of Kim Il Sung and the elites in the Korean Workers' Party, who were drawn mainly from the anti-Japanese guerrilla movement in 1930s Manchuria and solidified power by purging the Soviet and Yan'an factions.

동양문화의 이념과 형태—그 특수성과 일반성

《동아일보》 1940년 1월 3-12일

1.

동양문화라 말할 때에 우리는 보통 지나를 비롯하여 인도 와 일본의 문화를 그 범위에 넣어서 생각한다.

그리고 동양문화라 말할 때에 우리는 그 성질에 있어 서는 서양문화에 대립하는 의미에서 사용하는 것이 상례 이다.

그러나 우리가 유럽 제국(諸國)의 문화를 일괄하여 서 양문화라고 부르는 의미에서 동양문화라는 것을 말할 수 없다는 것은 오늘날 지나학의 권위 쓰다 소키치 (津田 左右吉) 박사를 비롯하여 여러 학자들이 공인하는 모 양 같다.

유럽의 제국민은 근대 이전부터 "세계문화"라는 한 개 의 통일된 문화권을 형성하고 살아왔지만 동양의 제국민 은 근대에 이르기까지 각기 독립한 문화권을 형성하여 가 지고 문화사적으로도 서로 깊은 내면적 연관없이 각기 고 립하여 살아왔다. 유럽에서는 벌써 로마(羅馬) 시대에 그리스의 고전문화와 동방의 기독교 사상이 한 개로 통합하여 한 개의 통일된 문화적 · 사상적 실체를 이루었다. 이리하여 그들은 중세의 기독교적 세계를 거쳐서 근대의 과학적 세계에 이르기까지 한 개의 문화 속에서 호흡하면서 성장하였던 만큼 그들에게 있어서 세계는 바로 하나였다.

그들 각 국민의 문화라는 것은 말하자면 그리스의 올림포스에서 발원한 한 줄기 대하가 여러 갈래로 나눠진 제다(諸多)의 지류로 볼 수 있다.

그러므로 서양문화라는 말은 내용 없는 수사가 아니고 일정한 체적과 경도(硬度)와 색채를 가진 한 개의 문화적 실체를 지시하게 된다.

그러나 동양에 있어서는 사태가 이와 다르다. 인도문화는 항하(恒河) 유역에서 발원하였고 지나 문화는 황하(黃河) 유역에서 생장하였다.

대륙의 동남에 흘립(屹立)한 고산준령은 두 민족의 문화적 교섭을 방해하였다. 지나가 한대(漢代)에 이르러 인도로부터 불교를 수입한 것이 양민족의 문화적 교섭에 있어 가장 중요한 의의를 가지는 것이리라. 그러나 수입된 불교도 지나 고유의 전통적 사상에 어떠한 근본적인 변혁을 주지 못하고 도리어 이 둔중한 민족의 고유한 문화에 적당한 변형을 하여가지고 흡수되어버렸다 한다. 지나가 인

도에 아무런 문화적 실적을 기여한 것이 없는 것은 두말
할 것도 없다.

이 양대 문화는 유럽 제민족의 문화에 있어서와 같이
동일한 발원지도 갖지 못하였으며 합류할 분지(盆地)도 갖
지 못하였다. 두 민족은 문화적으로는 별개의 세계에서 호
흡하였다. 따라서 유럽에는 유럽 문화사라는 것이 있을 수
있지만 동양에는 엄밀한 의미에 있어 동양문화사라는 것
이 있을 수 없다. 있는 것은 인도문화사이며 지나 문화사
이다.

1940년 1월 3일

그러므로 동양문화라는 말은 기실 내용 없는 수사이거나
그렇지 않으면 한 개의 새로운 신화에 지나지 않는다.

그러나 동양문화가 단일한 실체를 이루지 못하였다는
것은 동양문화라는 말이 아무런 효용적 의의도 갖지 못하
였다는 것을 의미하는 것은 아니리라.

동양문화란 동양의 제민족이 생산한 문화이며 민족에
따라 그 개개의 내용은 반드시 상이한 것이 아니다. 허나
그 속에 포괄된 것의 많은 부분은 서양문화와 서로 다른
일정한 제특성을 갖고 있다. 지금 우리가 만일 동양문화가

서양의 그 것과 달리 갖고 있는 이들 제특성을 범박하게 말하여 "동양적" 제특성이라 부를 수 있다면 동양의 제민족문화는 이 "동양적 제특성"을 갖고 있는 데서 내용적으로도 또한 동양문화라 부를 수 있을 것이다.

이러한 의미에서 동양문화라는 말이 단일한 실체를 표시하는 것이 아님에도 불구하고 우리는 그것을 동양문화의 특수성을 표시하는 의미에서 사용할 수 있지 않을까 한다.

그리고 동양문화라는 말을 그러한 의미에서 쓴다면 지금까지 말한 동양 제민족의 문화사적 사실이 벌써 동양문화에 한 가지 형성적 특성을 부여한다는 것을 우선 말하여두지 않을 수 없다.

헤겔은 일찍이 세계사를 세계정신의 발전으로 보았다. 그러면서도 그는 세계사를 민족 정신의 교체에 의하여 성립하는 것으로 보았다. 그것은 다른 까닭이 아니었다.

세계사적 의의를 가진 민족정신이 다름아닌 세계정신이었기 때문이다. 그런데 이러한 역사 해석은 그리스 이래로 단일한 세계를 형성하여 다음에서 다음으로 그를 짊어진 유력한 제민족들의 교체에 의하여 발전하여온 유럽 문화사에 있어서는 어느 정도로 수긍할 수 있으나 인도 · 지나 · 일본 할 것 없이 호상 독립하여 각기 고유한 문화를 이루고 있는 동양의 문화사에는 그대로 적용할 수 없는 것이다. 서양문화의 근저에서는 그리스 정신과 기독교 정신을 씨와 날로 한 일종의 내면적 연관을 찾으면 못 찾을 바 아니나 동양문화사의 근저에는 처음부터 그러한 세계 정신이 없었던 것이다.

서양문화는 동양문화만큼의 민족적 특성이 명확치 못한 반면 동양문화는 서양문화만큼의 시대적 특성이 분명치 않다. 전자는 민족과 민족이 교대한 역사라면 후자는 민족과 민족이 병립한 역사로 볼 수 있다.

2.

그런데 동양문화의 특성을 말할 때에 누구나 형이상학적 입장에서 동서문화의 상이를 말하는 것이 현대의 한 가지 풍습을 이루었다. 실로 많은 사상가와 학자가 이 입장에서 동서문화의 차이를 말하였다. 서양 사람들 중에서도 한두 사람 들면 못할 바 아니나 이곳에서는 이 나라의 권위니시다 기타로(西田幾多郎) 박사의 견해를 듣기로 하자!

박사는 일찍이 <형이상학적 입장에서 본 동·서 고대의 문화 상태>라는 글에서 실재의 문제를 생각하는 방식에 따라 동서문화를 구별하였다. 서양문화는 실재의 근저를 "유(有)"로 보는 데 반하여 동양문화는 그것을 "무(無)"로 보았다 한다. 박사는 말한다. "서양문화의 근원인 그리스 문화는 유의 사고를 기저로 한 것, 유의 문화라 할 수 있다. 디오니소스적 문화가 그리스 문화에 다대한 공헌을 한 것은 물론이다. 그리스 민족은 원래 인도인과 같이 염세관적(厭世觀的)이었다고 말할 수 있다. 그러나 그리스 문화의 중심을 이룬 것은 아폴로적 문화였다. 그리스 철학에서는 유형(有形)한 것, 한정된 것을 실재로 생각하였다. 형상이 실재라고 생각되었다. 플라톤의 '이데아'는 그 어원이 가리키듯이 형상적 의의를 가진 것이라 생각된다. 그리스 철학에서는 절대로 무한한 것, 절대로 현실을 넘어서는 것을 진실재(眞實在)로 보는 생각은 없었다."

그러나 "그리스 문화와 함께 서양문화의 근원이 된 기독교 문화는 원래 그리스 문화와는 비상히 다른 것이다. 여호와는 이 세계를 초월하는 절대자이다. 이 세계의 창조자이다. 이 세계의 지배자이다. 이 세계의 명령자이다." 따라서 "기독교가 서양문화에 공헌한 것은 인격의 관념이다." "중세 철학에서는 실재는 이데아적인 것이 아니고 인격적인 것이었다. 신은 절대의 인격이다." "절대로 무한한 신의 인격은 절대로 우리들의 지식을 초월한 것이었다." 그 의미에 있어서 "그리스 철학을 유의 사상이라 한다면 중세철학은 이미 무의 사상으로서의 의의를 가졌다고 할 수 있다. "그러나 인격은 무가 아니다. 인격은 가장 한정된 것이 아니면 안 될 것이다. 아니 자기 자신을 자학적으로 한정하는 것이 아니면 안 될 것이다. 그것은 자유 의사를 가진 것이 아니면 안 될 것이다."

1940년 1월 4일

이리하여 박사는 서양문화의 이대 원천인 그리스 문화와 기독교 문화가 생각한 실재 "자연"(그리스)과 "신"(기독교)이 하나는 예하면 생산의 유기체에서 다른 하나는 인간의 인격에서 "아날로지"한 유형한 것, 한정된 것이라는 의미에서 "유"라 하였다.

그러나 동양문화의 이대 원주(圓柱)인 인도문화와 지나 문화에 있어서는 그렇지 않다 한다.

인도 종교는 전의 양자에 비하여 최심(最深)한 무의 사상을 근저로 하였다고 할 수 있다. 브라만교의 신은 만물을 넘어 만물을 싸는 동시에 도처에 내재한 신이다. 우파니샤드의 어(語)에 의하면 차세(此世)에 있는 신은 옷에 싸이듯이 위대한 신에 싸여 있다. 동(動)치 않으면서도 마음보다도 빠른 유일한 실재만이 있다. 어떠한 감관(感官)도 그를 볼 수 없다. 그는 동하면서도 동치 않는다. 멀리 있으면서도 가까이 있다. 만물을 그에게서 보고 그를 만물에서 보는 그는 어떠한 것이든지 모멸하지 못한다.

이러한 유일한 실재는 최고의 이데아와 같은 것도 아니거니와 더구나 이스라엘의 인격신과 같은 것도 아니다. "인도의 종교는 인격까지도 부정하는 것이다. 인도종교를 단순히 만유신교(萬有神敎)로 생각하는 것을 나는 부당하다 생각한다. 단순히 만유가 신이 아닐 뿐 아니라 만유까지도 부정하는 것이다. 그것은 절대의 부정 즉 긍정을 의미하지 않으면 안 될 것이다. 대승불교에서는 색즉시공(色卽是空) 공즉시색(空卽是色)의 사상에 통하였다."

그리고 "지나문화의 일대 원류로 생각되는 노장(老莊)의 교(敎)에 있어서 도(道)라고 하는 것은 무의 사상으로 볼 수 있다. 노자는 '道可道非常道 名可名非常名 無名天地之始 有名萬物之母'라 하였다. 이것은 이스라엘 사람의 신앙과 같은 것을 부정할 뿐 아니라 그리스 사람의 예지와 같은 것을 부정한다."

"노장의 교는 인간 사회 시비선악(是非善惡)이 다른 것을 부정하고 자연에 복귀하는 데 있다. 예교적(禮敎的)인 유교에는 이러한 자연의 생각은 없으나 천(天)이라는 생각이 있다. 공자는《논어》에 '子慾無言 天何言哉 四時行爲 百物生言 天可言哉'라 하였다. 자사(子思)는 《중용》의 끝

에 '시(時)'를 인용하여 '德輶始毛 毛猶有倫 上天之載 無
聲無臭 至矣'라 하였다." "지나 문화의 근저에는 천이라든
가 도(道)라든가 자연이라는 생각이 있다." "그것은 일월
성신(日月星辰)이 유이(由而) 운행하는 것 천지만물의 근
원이며 또는 인도(人道)의 본원이다. 천도(天道)와 인도는
일(一)이다. 그것은 사회적 행위의 근저에 생각되는 자연
의 이(理)다." "인도종교의 무의 사상은 지적이었다. 지(知)
로써 지를 부정하는 부정이었다. 그런데 지나문화의 무의
사상은 행적(行的)이었다. 행으로써 행을 부정하는 부정
이라고 할 수 있다."

이리하여 박사는 인도교의 범(梵), 불교의 공(空), 노장
의 자연, 유교의 천(天)을 모두 절대로 무형한 것, 절대로
한정할 수 없는 것이라는 의미에서 무라 하였다.

박사의 이 견해를 좇는다면 서양문화에서 생각하는 실
체는 객관적 대상적으로 사유할 수 있는 것임에 반하여 동
양문화에서 생각하는 그것은 주체적 행위적으로 직관할
수밖에 없을 것이다. 다시 말하면 전자는 논리를 통하여
"인식" 할 수 있는 것임에 반하여 후자는 행위를 통하여 "체
득" 할 수밖에 없을 것이다. 만일 논리에도 여러 가지 종류
가 있다면 후자는 유의 논리에 의해서는 재단할 수 없는 것,
무의 논리 행의 논리에 의해서만 이해할 수 있는 것이리라.

이리하여 코야마 이와오(高山岩男)씨 같은 이는 니시다(西田) 박사의 이 견해의 노선에 연(沿)하여 <무의 철학과 배후의 생명>이라는 글에서 서양문화의 특성은 객체적인 데 있음에 반하여 동양문화의 것은 주체적인에 있다는 의미에서 전자를 객체적 문화라 하고 후자를 주체적 문화로 규정하였다.

씨는 말한다.

실체와 현상이 어떠한 관계를 가진 것인가 하는 데서 형이상학적 사색이 성립하고 현상계에서 실체계에 어떻게 도달할 수 있는가 하는 데서 종교, 도덕 등의 실천의 길이 강구된다.

나는 이 가장 근본적인 문제에 대한 인간적 태도의 결정에 있어서 이미 두 가지 유형이 있다고 생각한다. 그 하나는 영원의 진실재(眞實在)를 인간의 전방에 두고 그것을 인간의 노력이 그리로 향하여야 할 객관적 목표를 삼는 태도이며 다른 하나는 인간의 배후에 두고 그것을 인간의 일체의 노력이 그리로부터 출발하고 그리로 귀환하여야 할 주체적 고향을 삼는 태도이다.

그런데 전자의 방향을 진행하여 그 정수를 발휘한 것이 서양문화이고 후자의 방향을 진행하여 그 정화

를 발양한 것이 동양문화라고 생각한다. 전자를 객체
적 문화라 하고 후자를 주체적 문화라 하는 것도 이
의미에서이다.

코야마(高山)씨의 이 말은 간결하게 말하면 서양의 유
의 형이상학에서는 실재(實在)를 대상적으로 초월한 것으
로 보고 동양의 무의 형이상학에서는 실재를 주체적으로
초월한 것으로 본다는 말인데 이렇게 되면 서양문화에서
는 실재와 인간의 사이에 현상이 개재(介在)하게 됨에 반
하여 동양문화에서는 대상과 실재와의 사이에 인간이 개
재하게 된다.

3.

동서의 형이상학에서 실재를 대하는 태도가 이와 같이 다
르다면 동서문화에서 우리는 실로 다양한 차이를 발견할
수 있을 것이다. 왜 그러냐 하면 어떠한 민족을 막론하고
사고된 실재가 곧 그 민족문화의 이념 또는 근저를 이루
기 때문이다.

우선 서양문화가 일반적으로 말하여 지적 성격을 가졌
다면 동양문화가 행적 성격을 가진 것은 두말할 것도 없다.
문화의 구극의 이상이 인간의 배후에 있는 한 우리는 그것

에 귀합(歸合)하기 위해서는 주관과 객관의 대립을 발무(撥無)하고 주객 분리 이전의 행의 세계에 돌아가 그것을 체득하도록 노력하지 않으면 안 될 것이다. 대상이 없는 곳에서는 원래 사유작용이 성립할 수 없는 것이다. 인식대상과 맞서는 것으로서 비로소 인식주관이 성립하는 것이다. 그런데 인식대상이란 말 그대로 우리의 전방에 위치잡는 것이다. 사유작용이란 전방에 있는 대상을 향하고 전진하는 것이다. 눈은 눈을 보지 못하며 귀는 귀를 듣지 못한다. 하다면 보는 눈을 보고 듣는 귀를 듣기 위하여서는 눈 그 물건, 귀 그 물건이 되어보는 수밖에 없을 것이다. 이리하여 인간은 배후에 있는 실체에 도달하는 데 행적 체험에 의뢰하지 않을 수 없게 된다.

1940년 1월 5일

물론 이 경우에 우리는 인도철학에서 보듯이 이 실체를 논리적으로 언표하기 위하여 실로 호한(浩瀚)한 사변을 염출할 수 있다. 그러나 인도교의 범아일여(梵我一如)의 사상에서 보는 범이라 아라 하는 것은 자연도 아니고 인격도 아닌 그 모든 것을 넘어서는 절대의 무다. 무형(無形)의 형이며 무성(無聲)의 성이다. 따라서 제아무리 호한한 사

변을 구사하더라도 그것을 논리적으로 언표하는 형식은
결국 부정뿐이다.

아트만은 "네치(否)"를 "네치(否)"로서 표현할 수밖에 없
다. 동일한 인도정신에서 발원한 불교의 "공"의 사상은 물론
이요 노장의 "무명(無名)"의 관념(無名은 天地之始 [천지지
시])도 절대로 표현할 수 없는 실체의 부정적인 표현이다.

그런데 실체의 언표가 부정적 형식으로만 가능하다는
것은 다시 뒤집어 말하면 진실의 실재는 대상적 지식의 폐
기에 의하여서만 비로소 파지할 수 있다는 것을 의미한다.
부정적으로밖에 언표할 수 없다는 것은 실체의 대상화가
불가능하다는 것을 의미한다. 그런데 모든 지가 대상에 관
계하는 것이라면 진실의 지는 부정의 지, 침묵의 지일 수밖
에 없다. 대상지(對象知)를 부정하는 지를 해탈지(解脫知)
라 말한다면 그것은 인간의 인식을 전방으로 무한히 진전
시킴으로써 도달할 수 있는 것이 아니고 역으로 후방으로
무한히 부정하여 들어감으로써만 도달할 수 있는 것이다.

그러면 인간의 인식을 후방으로 무한히 부정하여 들어
감으로써 도달할 수 있는 지란 무엇인가? 그것은 궁행을
통하여 오득된 해탈의 지혜일 수밖에 없다.

그러나 서양문화(이곳에서는 서양의 근대문화는 불문
하고 고대와 중세의 문화만을 말함—이하 준[準])의 이념

인 "이데아"나 신은 자연적인 것, 인격적인 것으로서 우리
의 전방에 대상적으로 초월하여 있는 만큼 그들은 사유에
의하여 어떠한 형식으로든 파악할 수 있다. 동양의 범(梵)
과 아(我), 공(空)과 자연은 체득할 수밖에 없으나 서양의
아와 신은 인식할 수 있다(적어도 인식하려고 노력만은 할
수 있다). 그리스 이래로 찬연히 개화한 서양의 학문과 예
술은 이데아와 신의 한정을 위하여 경도한 유럽 제민족의
정력의 결정이다.

　동양에서 교학(教學) 즉 교설(教說)이 발달한 데 반하
여 서양에서는 과학, 즉 이설(理說)이 발달하였다. 동양에
서는 인도교, 물교에서와 같이 오도(悟道)에 필요치 않거
나 유교에서와 같이 처세에 필요치 않은 학문은 학문으로
간주하지 않는 것과 반대로 서양에서는 그리스 시대로부
터 학문을 위한 학문, 예술을 위한 예술이 발달하였다. 동
양에서는 실천궁행과 난행고행(難行苦行)이 간요(肝要)하
였던 것과 반대로 서양에서는 관찰과 분석이 필요하였다.
동양에서는 지혜, 서양에서는 지식, 동양에서는 철학자보
다도 철인(哲人)이 대접받지만 서양에서는 철인과 함께 과
학자가 많은 것도 이 때문이 아닐까.

1940년 1월 6일

그야 어떤 행이란 개별적 "주체"에 속하는 것이며 지란 보편적 "주관"에 속하는 것이다. 행은 인간의 생(生)에 부착하여 주관적이며 특수적인 성질을 탈각할 수 없으며 지는 인간 대응성을 떠나서 객관성과 보편성을 지향한다. 행의 내용 또는 산물이 일종의 대화적 문법적 성격을 갖고 친숙과 비전(秘傳)을 요구하는 것과 반대로 지의 내용 또는 산물은 독화적(獨話的) 논리적 성격을 갖고 만인의 승인을 요청한다.

그러므로 우리는 무엇보다도 서양문화가 제작 주체로부터 완전히 독립하여 객관적 보편성을 갖고 전인류의 공동 재산으로 군림할 수 있음에 반하여 동양문화는 제작 주체에의 대응성을 탈각할 수 없고 적든 크든 주관적 비전적 성질을 띤다고 보지 않을 수 없다. 서양문화는 어떤 국민이나 그것에 상응한 지적 교양만을 가지면 학습할 수 있으나 동양문화의 진수는 자연 그 각 길의 묘의를 오득한 달인명장(達人名匠)에 친숙하지 않으면 오득하기 어렵다는 황당한 결론까지 떨어지게 된다. 동양에서는 크게는 석가와 공자를 비롯하여 적게는 검사(劍師)와 직장(織匠)에 이르기까지 각기 그 길의 비방 하나씩을 가지고 자재(自在)의 경지에 도달한 명장(名匠)들이 있다. 동양에서는 진리는 언제든 습득되는 것이 아니고 체득되는 것이다. 어

느 의미에서는 옛날 동양의 문화인들이야말로 모두 그 길
의 교양인일는지 모른다.

그리고 서양문화가 지의 생산이고 동양문화가 행의 형
성이라면 우리는 둘째로 서양문화가 구성적 · 체계적 성질
을 가진 데 반하여 동양문화는 직관적 · 단편적 성질을 가
졌다고 말할 수 없을까? 지가 구성적 · 체계적인 것임에 반
하여 행은 직관적 · 형성적인 것이다. 구성적인 것은 전체
를 부분으로 분해할 수 있다. 부분을 모아 전체를 만드는
것을 구성이라 말한다.

그러나 형성적인 것은 부분이 곧 전체로서 분해할 수
없는 것이다. 전체에서 전체로 변형하는 것을 우리는 형
성이라 말한다. 구성된 것의 전형으로서 기계를 들 수 있
다면 형성된 것의 전형으로서 우리는 생명을 들 수 있다.

그런데 지의 기능은 물론 사물을 분석하고 종합하는
데 있다. 직접적인 소재를 추상적인 제요소로 분해하였다
가 매개적인 전체로 종합하여 올리는 것이 지성의 기은이
다. 따라서 서양문화가 지적 구성의 산물이라면 우리는 임
의의 철학이나 과학은 막론하고 한 시대의 문화 제부문
간의 내적 연관까지도 일정한 논리적 조작을 통하여 재분
해 · 재종합할 수 있는 것이다. 그리고 서양문화가 그 발전
연관에서 볼 때에는 어느 정도로 분화와 통일의 규제정연

(規制整然)한 과정을 밟아서 추상적 특수적인 것에서 구체적 보통적인 것으로 발전하였다면 일정한 논리적 조작을 통하여 그의 내면적 필연적 연관까지도 추적할 수 있을는지 모른다.

그러나 동양문화가 만일 논자들의 말대로 단순한 행적 직관의 산물이라면 우리는 그 속에서 전체로 이행하는 혹종(或種)의 메타모르포제(Metamorphose)는 발견할 수 있을지 모르나 그 속에 분석과 종합, 분화와 통일을 개입하는 것은 도리어 문화의 진수를 잘 못 이해할 우려가 있다. 학문의 대부분이 언행록적이며 수상록적이다. 논리의 매개가 없이 직관에서 직관으로 연속될 뿐이다. 아니 직관과 직관이 연속되는 것이 아니고 개개가 단절된 대로 단편적으로 표현될 뿐이다.

1940년 1월 7일

그 속에서는 엄밀한 의미에 있어 메타모르포제도 발견할 수 없을지 모른다. 학자와 현자는 그때그때 단적으로 체험한 생활 진리를 단적으로 기록만 하여두면 그만이다. 무형(無形)한 진리는 수처(隨處)에 숨고 수처에 나타난다. 영원의 실재는 일순간의 직관 속에 응결한다. 응결하는 방식이 장소와 시간을 따라 다를 뿐이다. 단언척구(短言隻句)와 일필일촉(一筆一觸)이 능히 천리(天理)와 인도(人道)의 오의(奧義)를 함축하게 된다. 어렇게 생각하면 물립 문학을 표방한 선학(禪學)이 동양 학문의 극치일는지 모른다. 백반(百般)의 순험(純驗)과 천만의 논의가 필요없고 대갈일성에 돌연 대오(大悟)할 수 있는 진리라면 학문이라는 것이 원래 무용한 것이리라. 불교의 많은 종파는 이 무형한 진리를 이론적으로 표현하려는 데서 도리어 기괴한 구상과 번쇄한 논리를 조작하였다. 인도교에 있어서도 그러하다 한다. 허나 구상이 기괴하고 논리가 번쇄하다고 무형이 유형으로 표현될 리가 없다.

인도철학은 그렇게 사변적인데도 불구하고 조직성과 체계성을 결하였다 한다. 그러나 동양의 학문이란 진리 그 물건보다도 진리 수득의 생활 태도를 연마하는 학문이다. 말 그대로 실천적 수양을 목적하는 데 동양 학문의 특성이 있다.

그야 어쨌든 동양 학문의 진수가 단편적인 직관의 단적 표현에 있다면 그 속에서 서양 학문에서와 같은 분화와 발전을 찾을 수 없을 것은 두말할 것도 없다. 철학은 후세에 이르기까지 인도에서는 종교에 종속되었고 중국에서는 정치에 종속되었다. 학문과 다른 문화 영역과의

사이에 분화 독립이 없었거든 하물며 학문 내부에서 제
과학(諸科學)의 분화를 찾는다는 것은 어림없는 짓이다.

그런데 나는 지금까지 서양문화는 지적 구성, 동양문화
는 행적 직관의 산물이라 하였다. 전자는 지성적이고 후
자는 행위적이라 말하였다. 그러면 동양에서는 모든 지
가 부정된 것과 반대로 모든 행이 긍정되었던가? 다시
말하면 동양에 있어서는 인간의 인식이 후방으로 부정
되어 들어갔다면 인간의 행위는 전방으로 오직 긍정되
어 나왔던가?

　만일 모든 대상적 지식의 부정이 곧 모든 대상적 행위
의 긍정으로 나타났다면 동양은 야수의 세계로 화하였을
것이다. 그러나 모든 지의 부정은 모든 행의 긍정을 결과
하는 것은 아니다. 바로 그 반대이다. 동양문화에 있어서
는 모든 인간적 지식이 부정되는 동시에 모든 인간적 행위
가 부정되었다. 동양이 광포한 야수의 세계로 화하기는커
녕 너무나 정적(靜寂)한 성자(聖者)의 세계로 화한 것은
이 때문이다.

　실재에의 귀의에 있어 지를 부정한 본의는 한말로 말하
면 대상에 집착하는 인간적 지식이 도리어 실재의 진상을
어둡힌다는 데 있었다.

실재는 절대의 초절(超絶), 절대의 타자로서 원래 무이
며 공이다. 함에도 불구하고 인간의 지식은 그 본질상 대
상에 집착하는 것이기 때문에 부정하지 않을 수 없었다.
하다면 그 실재에 도달하는 데는 모든 인간적 욕망까지도
발무(撥無)하지 않으면 안 될 것이다. 아니 기실은 대상에
집착하는 모든 인간적 욕망을 발무하자는 데서 대상에 집
착하는 모든 인간적 지식을 부정한 것이다. 실재는 원래 무
며 공이며 적(寂)이며 일(一)이다. 함에도 불구하고 그것이
유와 색(色)과 고(苦)와 다(多)로 "현상"하는 것은 인간의
주관=지와 의(意)의 소작(所作)이다. 인간의 전방에 현전
(現前)하는 현상계(現像界)가 "고"(불교)와 "환(患)"(노자)
으로 나타나는 것은 무명(無明)과 집념의 인간이 자기의
배후에서 비쳐오는 실재의 광명을 차단(遮斷)하기 때문이
다. 다시 말하면 현세 "고"와 "환"이란 실재의 전방에 선 인
간이 만들어낸 음영에 불과하다. 따라서 우리가 완전히 자
기를 멸각(滅却)하고 무아(無我) 또는 무위(無爲)의 경애
(境厓)에 도달할 때에만 그 초월적인 절대에 귀환할 수 있
다. 그리고 그 절대에 귀환하는 때에만 번뇌가 보살이 되
며 무위가 곧 자재(自在)가 될 수 있다. 그러므로 대상에의
지식을 후방으로 무한히 부정하여 들어가는 것은 기실은
대상에의 의욕을 후방으로 무한히 부정하여 들어가는 것

이다. 그리고 그 부정의 극한에 도달하는 곳이 인간의 풍부한 인성(人性)을 완전히 소각한 적멸(寂滅)의 열반과 담담한 허무의 경지이다(노장의 사상을 불교와 같은 금욕주의로 보는 데는 물론 이의가 있다. 그러나 개괄하는 이곳에서는 불문에 부(付)한다).

그러므로 우리는 이곳에서 동양문화에 있어서의 행이라는 것이 대상, 즉 유에 매개된 행위, 즉 대상적 실천이 아니고 기실은 무차별 무위의 경(境)에 물입하기 위한 명상과 내관(內觀)에 관련된 행인 것을 알 수 있다. 말의 정당한 의미에 있어서의 행위란 주체의 객체에의 동작(動作)에 의하여 성립하는 것이다. 주관과 객관의 대립을 기다려서 인식이 성립함과 같이 주체와 객체의 대립을 기다려서 실천이 성립한다. 그리고 주·객관의 통일로서의 인식과 주·객체의 통일로서의 실천이 서로 대립하면서 또한 서로 전화하는 데서 인간의 문화사가 형성되어 나가는 것이다. 그러므로 우리는 한말로 서양문화는 지적이고 동양문화는 행적이라 하지만 지적인 전자가 우월한 의미에 있어 실천적 성격을 갖고 행적인 후자가 기실은 내관적 성격을 가진 것을 잊어서는 안 될 것이다.

그리고 동양문화가 인간의 지행을 부정함으로써 인성의 풍부한 내용을 소각하고 무아와 무위로 인도한다면 그것은 서양문화가 대상으로 향하는 지행을 전방으로 긍정하여 나감으로써 풍부한 인성을 발양하는 것과 대조를 이룬다. 주어진 실재가 전방에 있는 한 우리는 전진하지 않을 수 없다. 실재는 현상보다도 높고 깊은 것이다. 플라톤의 최고의 이데아는 선(善)이다. 기독교의 신은 절대로 완전한 인격이다. 따라서 그 실재에 도달하려는 인간적 노력은 그들이 이성과 정의(情意)를 고화(高化)하고 심화하지 않을 수 없다.

1940년 1월 8일

인간성을 소각함으로써가 아니라 발양함으로써 도달할 수 있는 이상들이다.

　그 의미에 있어서 동양문화는 인간 소외의 문화라 말하고 서양문화를 인간 중심의 문화라 볼 수 있다. 서양문화에 있어서도 뚜렷한 인간 중심주의는 물론 근대에 와서 비롯한 것이다. 그리고 서양의 역사에서 근대문화와 비교할 때 중세문화는 신 중심의 문화로 보아야 한다. 그러나 그것은 서양문화만을 놓고 시대사적으로 고찰할 때에만 할 수 있는 말이다. 서양문화를 동양문화와 대비하는 경우에는 고대의 그리스 문화는 물론이고 중세의 기독교 문화까지도 인간을 중심한 문화였다.

물론 우리는 동양사상에서도 서양 근대문화의 기초를 이룬 자아 관념에 유사한 자아의 사상까지 발견할 수 있다 한다. 인도교의 "아트만" 같은 것이 그렇다 한다. 그러나 그것은 우리와 같은 개별적인 인간적 자아도 아니고 이성적·논리적 주관도 아니다. 그것은 우리를 밑으로 초월하여 우리의 배후를 형성하는 불사인식(不思認識)의 주체이다. 눈이 눈을 보지 못하고 귀가 귀를 듣지 못하듯이 우리는 우리의 주체인 아트만을 인식할 수 없다.

그는 자연적 육체나 정신적 인격을 가진 것이 아니라 한다. 그 의미에 있어서 그는 아무런 인간적 특성도 갖지 않은 그야말로 절대의 타자이다.

동양사상 속에 있어서도 유교만은 인간을 배제하는 사상이 아니라는 것이 일반의 성견(成觀)인 듯싶다. 유교는 적어도 인간을 부정하는 사상이 아니다. 허나 유교도 인간을 중심하는 것이 아니고 천(天)을 중심한 사상이다. 천의 관념은 공맹에 이르러 원시적 신화적 성격을 탈각하고 이성적으로 순화하였으며 천명(天命)과 인성(人性)의 동일성의 이상을 배태하였다(天命之謂性). 그리고 이 사상은 송유(宋儒)에 이르러 천즉리(天則理) 심즉리(心則理)의 관념에까지 발전하였다. 그러나 천리(天理)─인성의 동일성의 이론도 천을 인간화한 것, 천의 의인화가 아니고 인간을 천화(天化)한 것, 인의 의천화(擬天化)였다. 이 점에 있어서 비인격적 · 비의지적인 천을 중심으로 한 유교문화도 결국, 인간을 비인간화한 동양문화 일반의 특성을 탈각할 수 없었다.

그리고 서양문화가 인간 중심의 문화이고 동양문화가 인간 소외의 문화라는 명제와 연관하여 한 가지 주목할 것은 서양문화가 일반적으로 표현적 성질을 가졌다면 동양문화는 적든 크든 상징적 성질을 탈각할 수 없다는 사실이다. 표현은 인간에 내재한 것을 객화(客化)하는 것이라면 상징은 인간을 초월한 것을 암시하는 것이다.

그런데 대상적인 초월자는 제아무리 초월한 것이라도 인간에 내재화시킬 수 있는 것이다. 인간이 한정할 수 있는 것, 유형한 것은 제아무리 현상의 배후에 숨었다 하더라도 우리는 자기의 내재적 본질로써 번역할 수 있다.

1940년 1월 10일

아니 더욱 엄밀하게 말하면 인간에 내재하지 않는 것은 처음부터 우리의 대상이 될 수 없는 것이다. 대상적인 초월자란 기실 인간이 내재적인 것을 외재화시킨 것에 지나지 않는다. 그리스 사람의 "이데아"와 기독교도의 신은 그 하나는 인간의 육체를 모델로 하고 생각된 것이며 다른 하나는 인간의 인격을 모델로 하고 생각 된 것이다. 플라톤의 이데아와 아우구스티누스의 신이 인간을 초월한 것이면서 기실은 인간이 만들어낸 것이라는 의미에서 모두 인간 자신의 표현이었다.

시간과 함께 생성하고 소멸하는 삼라만상을 영겁의 상하(相下)에 정관(靜觀)할 수 있는 완벽한 "이성"에 대한 아름다운 에로스가 없었다면 그리스 사람들은 이데아를 생각하지 못하였을 것이며 인간의 인격 감정의 기초를 이루는 절대적인 "자유 의지"에 대한 엄숙한 아가페가 없었다면 기독교도는 인격신을 앙모(仰慕)하지 않았을 것이다. 그리스인이 사모한 이데아와 기독교도가 앙모한 신이란 기실은 인간이 자기의 완전한 이성을 실천하려는 데서와 무한한 의지의 자유를 표현하려는 데서 구상된 것이다. 그 의미에 있어서 그들은 모두 인간성의 표현이다. 그리스의 조각에 나타난 신들의 상은 바로 그대로 인간의 가장 완성된 육체의 표현이었으며 기독교도의 중세의 고딕 양식의 건축은 바로 그대로 지상의 기반(羈絆)에 신음하는 인간들의 무한한 천공(天空)을 향하고 비약하려는 의지의 동경의 표현이었다.

그러나 인간을 위로서가 아니고 밑으로 초월한 배후의 실체만은 우리에게 있어서는 그야말로 절대의 타자이다. 그것은 그리스적 자연보다도 깊고 기독교적 이격보다도 깊은 것으로 자연과 인격까지도 넘어서는 것이다. 동양의 실재란 모두 이러한 절대의 무, 절대의 공이다. 그만큼 인간적인 그 무엇을 가지고도 나타날 수 없다. 인간에 내재한 그 어떠한 것을 가지고서도 인간을 "밑으로" 초월한 절대의 타자는 표현할 수 없다. 그것은 인간의 배면에 있는 초월자는 원래 인간에 내재화시킬 수 없기 때문이다. 그리고 인간에 내재화할 수 없는 것은 인간적인 본질을 가지고는 번역할 수 없는 것이다. 우주의 만상(萬象)을 모조리 인간에 내재화하는 내재론적 입장에 설 때 우리는 "있는 것(有)"은 모두 인간의 외화(外化)로 볼 수 있다. 그러나 인간의 만능의 정신도 "없는 것(無)"만은 자기의 이성과 의지와 감정으로써 번역할 수 없다.

이러한 절대의 타자, 절대의 초월자는 논리로 표현한다면 위에서도 말한 바와 같이 부정적으로밖에 언표할 수 없으며 감성으로 표현한다면 상징적으로 "암시"할 수밖에 없다.

서양의 예술의 일반적으로 직관적임에 반하여 동양의 예술이 상징적인 것은 이 때문이라 한다. 예술에 있어서의 이 특성은 특히 인도 예술에 현저히 나타난다 한다.

인도 민족은 자고로 신을 직관적인 형태로 나타내는 것을 신의 모독이라 하여 기피하였던 모양이다. 신을 직관적·조소적인 형자(形姿)로 표현한 것은 후세에 서방의 그리스 문화와 교류가 있은 결과라 한다. 인도 고유의 예술에서 신은 단순히 점과 선으로써 상징되었다 한다. 허나 조형예술은 직관적 형상을 짓는 만큼 단순히 오랫동안 이러한 형식에 머무를 수는 없는 것이다.

1940년 1월 11일

이리하여 이러한 상징이 표현에까지 도달할 때에 신은 일부러 비인간적인 형자로 표현되었다. 우리가 인도의 신상(神像)에서 보는 기괴한 형상은 무형한 것에 형을 부여하려는 정신의 산물이다. 신의 형자가 상징적으로 나타내는 것은 육체적·자연적인 힘이나 정신적·신비적인 힘이 아니고 인간성을 완전히 떠난 비인간적인 신비력이다. 인도 예술에서 얻는 이 세상 것 아닌 무기미(無氣味)한 인상은 이러한 비인간적 신비성에서 오는 것이라 한다. 그렇게 말하면 대승 불교의 경전에서는 불가사의한 불력과 끝없이 장엄한 불(佛) 세계를 표현하는 데 우리의 상상을 절(絶)한 거창한 수(數)와 견디기 어려운 문구의 중복을 기탄 없

이 쓰는데 이러한 무한정적인 표현 양식과 구상력도 인도
정신의 비인격주의와 신비주의에서 오는 일종의 상징적 수
법이다. 표현할 수 없는 것을 표현하려는 데서 생긴 독특
한 양식이다.

이상에서 말한 것을 총괄하면 동양문화는 비인간적 · 비
지성적인 문화라는 말로 귀결된다. 이것은 물론 니시다(西
田) 박사의 소설(所說)을 따라 동양문화의 기저를 이루는
것은 무의 사상이라 보고 그 위에서 코야마(高山) 씨의 견
해를 참작하면서 양 문화의 대척적으로 상이한 특성을 대
략 내류(流)대로 말해본 데 불과하다. 따라서 지금까지 말
한 것은 일정한 가설의 위에 선 행론(行論)이다. 지금 만
일 전기(前記) 가정과 함께 이곳에서 개괄한 결과를 일응
(一應) 승인한다면 다음으로 생기는 의문은 인간성을 배
제하고 사유를 부정하는 문화를 우월한 의미에 있어 문화
로 볼 수 있는가 하는 것이다.

　문화란 인간성의 표현이며 인식의 산물이다. 적어도 오
늘날까지의 문화의 통념은 그러하다. 그것은 문화에 관한
일종의 서양적인 통념이니 동양문화를 평가하는 데는 그
러한 통념을 써서는 안 된다면 할 말은 없다. 허나 새로운
통념이 생기기까지는 기성의 통념을 쓸 수밖에 없다. 또 한

번 말하거니와 문화란 인간성의 표현이며 인식의 산물이
다. 문화가 인간만이 가질 수 있는 생활 제 가치의 표현이
며 겸하여 객관적·보편적 의미를 갖는 것은 이 때문이다.

그렇다면 인간성의 발양을 빈곤케 하고 인식의 발전을
저해하는 동양의 특수한 문화 정신은 기실은 동양문화의
정화를 발양하기는커녕 동양문화의 문화로서의 정화를 고
갈시키는 것이 되지 않을 수 없다. 다시 말하면 그것은 문
화의 암이다.

우리는 동양문화의 정신이 반드시 그러한 데"만" 있지
않으리라 생각하며 또는 그것이 동양문화의 어떠한 특수
한 층면(層面)을 대표한다 하더라도 그것은 명예나 자랑
할 것이 아니다.

동양문화의 일면에 인간성을 부정하고 인식을 배제하
는 특수성이 있는 것은 사실이다. 그러나 그것은 말 그대
로 동양문화의 특수성에 지나지 못할 것이다. 다시 말하면
그것은 서양문화와 대비하게 되니 자연 그것과 다른 특수
한 측면만을 추출하지 않을 수 없는 데서 유래한 것이다.
따라서 특수성 그것이 곧 동양문화가 아니라는 것을 알아
야 할 것이다. 동양문화에 동양적인 특성이 있다면 문화로
서의 일반성도 있어야 할 것이다. 동양문화에도 문화로서
의 일반성이 있기 때문에 동양문화로서의 특수성도 성립

할 수 있는 것이리라. 일반성이 없는 데는 특수성도 없는
법이다. 우리는 양 문화의 특수한 점을 열거하느라고 문화
로서 갖고 있는 공통성은 일부러 사상하였다.

　허나 문화의 특수성이란 일반성과 연관하여 그려지지
않을 때에는 특수의 특수 되는 소이가 명백히 나서지 않
는 것이다. 그렇다면 우리는 지금부터 동양문화의 문화로
서의 일반성 측면(서양과 공통되는)을 그려보지 않으면 안
될 것이다. 그리고 일반선과 특수성의 연관이 밝혀지면서
인류의 일반 문화사적 도정에 있어서의 그의 특수한 위치
가 규정되어야 할 것이다.

　허나 지면의 제한도 있고 하니 지리(支離)한 행론(行論)
은 이곳에서 일단 중지하고 남은 문제는 다음 기회로 미
루기로 하자!

1940년 1월 12일

Note

This essay has been compiled from the original articles that appeared in
Sŏ Insik, "동양문화의 이념과 형태—그 특수성과 일반성" ("Tongyang mun-
hwa ŭi inyŏm kwa hyŏngt'ae—kŭ t'ŭksusŏng kwa ilbansŏng"; "The Idea
and Form of Eastern Culture: Its Particularity and Generality"), 동아일보
(Tonga ilbo; The Dong-a Ilbo), 3–12 Jan. 1940. Following Sŏ's inclusion of
numbered section breaks in the middle of the newspaper articles, this
compilation both retains these numbered section breaks and divides the
essay into its original daily installments.

문학과 윤리

《인문평론》1940년 10월

1.

문학의 본질적 기능에 관하여서는 예로부터 여러 가지 정설이 전하여 온다. 허나 가장 포괄적이고 무난한 견해는 문학을 인간인 식의 일 형태로 간주하는 것이리라. 문학을 인식의 일종으로 보는 견해는 희랍의 아리스토텔레스의 《시학》에서 이미 그 원숙한 표현을 볼 수 있다. "시인의 하는 일은 실제에 일어난 것을 그리는 것이 아니고 일어나려는 일, 즉 개연적 혹은 필연적으로 가능한 것을 그리는 것이다 ... 사가(史家)와 시인의 차별은 산문과 운문의 차이에 있지 않고 한편이 실제에 있었던 것을 그리고 다른 한편이 있을 수 있는 일을 그리는 점에 있다. 그러므로 시는 역사보다도 한층 더 철학적이고 한층 더 높은 것이다. 왜 그러냐 하면 시는 말하자면 보편적인 것을 그리고 역사는 개개의 것을 그리기 때문이다." 이 말은 곧 문학의 본질이 역사의 그것과 같이 인간인식에 있으면서도 또한 그 인식방법에 있어서 역사와 다르다는 것을 의미하는 것이다.

한데 문학의 본질이 만일 인간의 인식에 있다면 문학의 가치는 인간의 진(眞)을 표현하는 데 있지 않으면 안 될 것이다. 인식의 목적은 일반적으로 사상의 진을 탐색하는 데 있다. 사상의 진과 위(僞)를 식별하고 판단하는 작용을 떠나서 인식에 별개의 기능이 있는 것이 아니다. 그 의미에 있어서는 문학의 본질적 기능은 과학의 그것과 다를 것이 없다고 볼 수 있다.

그러나 이것은 문학의 탐구하는 진이 과학의 노리는 그것과 반드시 동일한 차원에 귀속하리라는 것을 의미하는 것은 아니리라. 만일 문학의 탐구목적으로서의 진이 과학적 진의 이상도 아니고 이하도 아니라면 심하게 말하여 우리는 과학이외에 문학이라는 별개의 인식수단을 탐구하지 않을 것이다.

그러면 문학적 진과 과학적 진은 어떻게 다른가? 과학적 진은 일반적으로 법칙성과 필연성을 구비하는 것이고 또한 하지 않으면 안 된다는 것이 현대의 통념이다. 과학에서 진이라 말할 때에는 그것은 어떠한 법칙적인 것, 필연적인 것을 의미하게 된다. 그러나 과학에 있어서의 법칙적인 것이 문학에서는 성격적인 것으로 인식되고 과학에

있어서의 필연적인 것은 문학에서는 반드시 운명적인 것
으로 표상된다. 이리하여 과학에서 말하는 진이 보통 어떠
한 법칙적, 필연적인 것을 표현하듯이 문학에서 말하는 진
은 일반적으로 어떠한 성격적, 운명적인 것을 표현하게 된
다. 그런데 "법칙"이니 "필연"이니 하는 것이 어떠한 진리
성을 표지하는 개념이라면 "성격"이니 "운명"이니 하는 것
은 어떠한 진실성을 함축한 개념이다. 이곳에서 나는 과학
의 탐구목적으로서의 진은 "과학적 진리"라는 말이 지시
하듯이 일반적으로 "진리"라고 부를 수 있다면 문학의 탐
구목적으로서의 진은 "문학적 진실"이라는 말이 암시하듯
이 일반적으로 "진실"이라고 부를 수 있지 않을까 생각한
다. 우리는 흔히 "그것을 진리일는지 모르나 진실감이 희박
하다" 말하며 "한 사람의 진실이 반드시 만 사람의 진리가
아니다"라고 말한다. 이와 같은 용어례(用語例)는 진리와
진실의 배치되는 측면만을 강조하는 점에서 용어상의 다
사(多似)의 위험은 없지 않으나 어의(語義)의 상차(相差)
를 예각적으로 표시하는 효과만은 인정하지 않을 수 없다.
이 용어례에서도 알 수 있듯이 진리라 말할 때에는 그것은
보통 일정 한 개념적 형식에 있어서의 진을 의미하며 진실
이라 말할 때에는 그것은 말하자면 일정한 실존적 형식에
있어서의 진을 의미하게 된다. 전자가 일반적으로 객관적

보편적 형태로 존재하는 것임에 반하여 후자는 도리어 주체적 개성적 형태로 발견되는 것이다. 진리의 언표는 과학상의 법칙이나 공식에서 볼 수 있듯이 일반적으로 비인칭 명제로 나타나지만 진실의 언표는 문학상의 인물이나 성격에서 볼 수 있듯이 인칭 명제로 출현한다. 인간의 주관을 완전히 이탈하고 독자(獨自)의 이성적 세계로 이행하여 일종의 독화적(獨話的) 성격을 갖고 보편적인 타당성을 요구하는 것이 진리의 특성이라면, 진실의 특성은 감성적 세계에 정착하여 일종의 회화적 성격을 갖고 도리어 인간의 주관에까지 심화함으로써 보편적인 타당성을 요구하는 데 있다. 과학이 탐구하는 진은 이러한 형태의 진리이며 문학이 탐구하는 진은 이러한 형태의 진실이다. 그리고 진리와 진실은 이와 같이 그 존재의 성격을 달리하는 까닭에 양자에 대한 우리의 태도도 서로 다르지 않을 수 없다. 우리는 보통 진리에 대해서는 객관적인 검증의 엄밀을 요구하나 진실에 대해서는 차라리 주체적인 체험의 심도를 요구한다. 전자에 대하여 정밀성을 요구하는 반대로 후자에 대해서는 엄숙성을 요구하며 전자에 대하여 확실성을 요구하는 반대로 후자에 대해서는 성실성을 요구한다. 한말로 말하면 과학적 진리는 지성의 요구에 심능(堪能)한 것이 아니면 안 되며 문학적 진실은 지성과 함께 정의의 요구까지도 만족시키는 것이 아니면 안 될 것이다. 문학이 과학보다도 엄밀성과 정확성에 있어서 다소의 결함(缺陷)이 있더라도 엄숙성과 성실성에 있어서 고도의 요구를 갖는 것은 이 때문이다.

그러나 이리하여 진리와 진실을 극단으로 대립시킬 때에는 양자가 상복(相覆)치 않는 경우까지도 생기는 것이다. 예하면 목마른 사람의 물에 대한 혹종(或種)의 환상은 진리일 수는 없으나 그의 진실성은 인정하지 않을 수 없으며 평행선이 교착한다는 비(非)유클리드 기하학의 명제는 진실일 수는 없으나 그의 진리성은 부인할 수 없는 것이다. 그러나 진리를 함축하지 않은 진실은 진실이라기 보다도 차라리 주관적인 사실로 보는 것이 옳지 않을까? 목마른 사람의 물에 대한 혹종의 환상이나 꿈속에 알몸뚱이로 날아다니는 사건과 같은 것은 비록 보편타당한 현실적 필연성은 갖고 있지 않더라도 그 역(亦) 우리가 경험하는 한개의 심리적 사실임에는 틀림없다. 그와 반대로 진실이라 말할 때에는 보통의 용어례를 다소 희생하는 점이 있더라도 진리를 함축한 진(眞)만을 의미하지 않으면 안 될 것이다. 양자는 비록 그 존재의 성격을 달리한다 하더라도 동일한 사실의 진의 표현임에는 틀림없다. 진리도 사실의 진이며 진실도 사실의 진이다. 그러므로 진리와 진실은 내면적으로 어떠한 필연적 연관을 갖지 않을 수 없다. 다시 말하면 진실로서 이부(裏付)되지 않은 진리는 우월한 의미의 진리일 수 없으며 진리를 함축하지 않은 진실은 참다운 의미의 진실일 수 없는 것이다. 문학적 진실은 그 근저에 있어서 반드시 동일한 사실의 인식으로서 과학적 진리와 부합하지 않으면 안 될 것이다.

그러면 사실과 진리와 진실은 어떠한 연관을 갖고 있는가? 나는 이 경험적인 사실과 과학적인 진리와 문학적인 진실은 서로 부정되고 부정하며 포섭되고 포섭하는 논리적 연관을 갖고 각기 상이한 차원에 귀속하는 것이 아닐까 생각한다.

첫째 사실이란 개개의 특수하고도 생생한 생활 사상(事象)으로서 인식의 원초적인 소재로 제공되는 것이다. 따라서 그들의 특성은 심적(心的) 사실, 물적(物的) 사실, 행적(行的)사실 할 것 없이 모두 직접적이고 우연적이고 개별적인 데 있다. 그런데 진리란 그와 반대로 이러한 개개의 특수한 사실들의 우연성과 개별성을 부정하고 그들 제사실군(諸事實群)의 내면을 관결(貫結)하는 객관적 본질 또는 필연적 연관을 개념적 기호를 빌려 표현한 것이다. 그러므로 진리의 특성은 필연적으로 추상적이고 보편적이고 필연적인 데 있게 된다. 하다면 진실이란 "사실"과 "진리"의 통일로서 진리가 다시 자기의 추상적 보편, 추상적 필연을 재부정(再否定)하고 주체적 사실로 귀환한 구상적 보편, 구상적 필연이 아닐까? 진리를 함축한 진실은 진리와 같이 보편적이며 필연적인 것이나 후자의 보편성과 필연성이 몰개성적 추상적인 것임에 반하여 전자의 그것은 도리어 사실과 같이 개성적이고 구상적인 데 있다. 다시 말하면 문학적 진실은 과학적 진리가 주체성에까지 지양된 것으로 만일 진리라 부른다면 일찍이 김남천 씨가 쓰던 용어를 빌려 일신상(一身上)의 진리라고 하는 것이 옳을 것이다. 그러므로 문학의 진은 과학의 그것보다도 일단(一段) 높은 차원의 진으로서 그 속에 과학의 진을 내포하지 않으면 안 될 것이며 과학의 진은 문학이 되기 위하여서는 인간적 진실에까지 앙양되지 않으면 안 될 것을 알 수 있다.

이러한 관점에서 현대의 문학적 현실을 고찰한다면 재래에 일부의 평가들이 과거의 경향문학을 단순한 사회과학의 연장 또는 개념의 문학으로 취급한 데도 일반(一半)의 이유가 있다. 이데—가 작품 속을 알몸뚱이로 굴러다니는 문학은 진리의 문학은 될망정 진실의 문학은 아니다. 당년(當年)의 경향문학에 있어서는 객관적인 진리가 주체적인 모랄에까지 심화하지 못하였던 것이다. 그리고 그 의미에 있어서 이 경향문학의 반동으로 나타난 휴머니즘의 문학

이 진리보다도 진실을 추구하는 일련의 문학—그 속에서
도 가장 빛나는 존재인 도스토예프스키, 지드 등의 진실
의 문학을 환영한 것은 필연적인 경로이면서도 그 공적(功
績)을 무시할 수 없는 것이다. 그러나 그 추향(趨向)이 극
단으로 나감을 따라 마침내 세스토프, 키에르케고르 등의
비합리적 윤리사상까지 수입되어 한때의 논단을 소동시켰
었다. 그러나 진리가 문학의 진이랄 수 없다 하여서 진리와
결별한 진실이 참다운 문학적 진이 될 수 있을까? 이 말은
물론 당년에 환영되는 도스토예프스키나 지드를 두고 하
는 말이 아니고 오늘날 이곳의 문학을 두고 하는 말이다.
참으로 진실한 것은 그 표피를 벗기고 보면 그 핵심에 진리
를 포함하고 있을 것이다. 진리란 인간인 한 그 누구나 그
의 요청을 승인하지 않을 수 없는 힘을 가진 것이라면 그
러한 진리를 떠난 진실이 우리의 정의(情意)에 대하여 엄
숙성과 성실성을 환기할 수 없을 것도 두말할 것도 없다.

2.

그런데 문학의 탐구하는 진이 이상에서 말한 대로 진실에
해당한다면 그것은 과학적 진(眞)보다도 차라리 윤리적 진
에 가깝게 된다. 윤리의 진을 탐구하는 윤리학이라면 우리
의 상식은 흔히 인간의 일상생활에 있어서의 소위 "실천도

덕"의 격률(格率), 덕목 등을 문제삼는 것으로 생각하기 쉽
다. 그러나 그의 주요한 과제는 기실은 그러한 곳이 있지 않
고 널리 사회적 행위적 존재인 "인간"을 해명하는 데 있다.
헤겔이 그의 법철학에서 인륜의 내용으로서 국가와 경제에
관한 이론을 전개한 것도 그 본의가 이러한 곳에 있었던 것
이다. 비단 정치생활 경제생활뿐 아니라 인간의 백반(百般)
의 사회생활은 모두 윤리적 사실로서의 의미를 지니고 있
다. 그것은 다른 때문이 아니다. 인간의 사회적 행위는 물격
(物格) 대 물격(物格) 또는 주체 대 객체의 관계이기보다도
주체 대 주체, 즉 "나" 대 "너"의 인간적 표현적 관계이다. 주
체 대 주체의 표현적 행위는 반드시 어떠한 사회적 "의미"
을 함축하고 있는 것이다. 물론 주체 대 물체의 관계도 소
위 도구적 존재에서 볼 수 있듯이 어떠한 "의미"를 갖고 있
다. 그러나 주체 대 도구의 교섭은 하이데거의 말을 차용하
면 "배려하는" (Besorgen) 관계임에 반하여 주체 대 주체
의 교섭은 "고려하는" (Fürsorgen) 관계이다. 그러므로 그
것이 함축하고 있는 "의미"란 반드시 우리가 남을 대할 때
에 갖는 태도니 "몸가짐"이니 "체신"이니 범절이니 하는 소
위 "에토스"적 성질을 갖게 된다. 그러므로 문학의 대상과
윤리학의 그것은 그 성질과 범위가 상복(相覆)하는 것이다.
다시 말하면 문학이 취급하는 대상은 그 어떠한 것이나 인

간 대 인간의 사회적 행위연관인 이상 그것은 모두 사회적
윤리적 의미를 지니게 된다. 현대의 어느 평가가 문학의 임
무를 한 시대 한 사회의 "정신적 풍속"을 묘사하는 데 있다
고 한 말은 정히 저간의 소식을 말하는 것이다. 그렇다! 문
학의 임무는 더욱 정확히 말하면 한 시대 한 사회의 정신
적 풍속의 묘사를 통하여 그 시대 그 사회의 인간적 진=인
륜적 진을 제시하는 데 있는 것이다. 정신적 풍속이란 정확
한 용어로 환치(換置)하면 독일철학상에서 흔히 객관적 정
신이라는 말로 표현하는 인륜적 실체를 말하는 것이다. 인
륜적 실체란 영불류(英佛流)로 말하면 정신적 "컨벤션"으
로서 세대, 시대, 민족, 사회를 따라 그 역사적 성격을 달리
하는 법이다. 이와 같이 역사와 사회를 따라 그 성격을 달
리하는 윤리적 풍속의 묘사를 통하여 한 시대, 한 세대, 한
민족, 한 계층의 인간적 진=윤리적 진을 제시하는 데 다름
아닌 문학의 사회적(社會的) 가치가 있다. 뿐만 아니라 윤
리적 "행위"란 주체와 주체, 즉 "나"와 "너"의 인간적 교섭
연관인 만큼 물체의 "운동"이나 동물의 "동작"과 다른 것은
물론 인간 대 물체의 교섭연관인 "행동"과도 상이한 인간
적 표현적 성질을 갖게 된다. 그리고 인간의 주체적 표현적
행위란 외부의 "부름"이 곧 내부의 "대답"이 되고 내부의
"부름"이 곧 외부의 "대답"이 되는 내외동일의 자각적 특

성을 가진 것이다. 그러므로 인간의 주체적 표현적 행위에 관계하는 윤리에 있어서는 단순한 물체적인 진, 객체적인 진은 충전(充全)한 의미에서 진이 될 수 없다. 사회적 표현적 행위란 인간 또는 주체에 관계 하는 것인 만큼 그의 진은 주체적 인간적인 진실성을 갖지 않으면 안 될 것이다. 다시 말하면 윤리적 진은 일방 객체적으로 진리일 뿐 아니라 주체적으로 진실한 것이 아니면 안 될 것이다. 어떠한 민족의 어떠한 시대의 윤리적 격률을 물론하고 그것이 설사 그 시대 그 민족에게 있어서, 보편적으로 "참"한 것으로 통용된다 하더라도 거기에 맞추어 행위하는 인간으로부터 그 격률에 내면적 자율적으로 호응하는 인간적 진실성을 상실할 때에는 그것은 벌써 윤리적 진으로서의 가치를 상실하고 마는 것이다. 한 사회의 윤리적 제격률에 조준(照準)한 우리의 행위가 윤리적이 되는 데는 그 근본적 전제로서 이와 같이 주체성에의 요구를 무시할 수 없는 것이다. 윤리에서 양심이니 양식이니 하는 것이 시끄럽게 문제되는 것도 이 때문이다. 이곳에서도 알 수 있듯이 윤리적이란 것은 곧 인간적인 것이다. 인간적인 것이 아닌 윤리적인 것은 없다. 인간의 인간적 자연성을 발양하고 신장하는 것이 윤리의 기술이라면 윤리를 윤리되게 하는 소위 윤리성은 끝까지 인간적인 데 있지 않으면 안 될 것이다. 그러므로 윤리에 있어서 진이란 것은 곧 인간적 진실, 주체적 진실을 의미하는 것이다. 그런데 문학이 탐구하는 문학적 진이라는 것이 역시 이러한 주체적 인간적 진실이 아니었던가? 그러므로 문학이 탐구하는 진은 윤리적 진과 다를 것이 없다. 다시 말하면 문학의 취급하는 대상이 인륜적 사실일 뿐 아니라 그 탐구하는 진도 윤리적 진실 이외의 별것이 아니다.

3.

그런데 윤리란 이상에서 말한 대로 첫째 사회적 집단적인 것으로서 인간 대 인간의 태도, 행위를 율(律)하는 모든 사회적 규칙, 방식, 질서를 말하는 것이며 둘째 그러한 사회적 제규범 제질서에 조준한 개개의 행위는 또한 주체적 표현적인 것으로서 인간의 내면적 자율적인 사회적 양식 또는 양심의 요구로서의 소명적(召命的) 당위적 성질을 갖는 한에서만 윤리가 될 수 있는 것이다. 그러므로 우리는 윤리에 관하여 말하는 한 그의 두 가지 측면을 고려하지 않을 수 없다. 그 하나는 윤리의 관습성 (짓트리히카이트 [Sittlichkeit])이고 다른 하나는 윤리의 심정성 (모랄리테트 [Moralität])이다. 인간의 사회적 공동생활에 있어서의 행위의 규칙 또는 준칙으로서의 의미를 가진 전통, 습관, 법칙, 의례, 문물, 제도 등—모든 국민적 공민적(公民的) 질서는 윤리의 관습으로서의 측면을 이루는 것이며 그들 사회적 관습성에 주체적 진실성을 이부(裏付)하는 실천이성이니 인간성이니 양심이니 양식이니 하는 것들은 모두 윤리의 심정성을 대표하는 것이다. 전자는 소위 국민도덕이니 공민도덕이니 가정도덕이니 상민도덕이니 하는 말로서 표현되는 것으로서 이미 제도화 습속화된 사회적 제규범이며 후자는 칸트의 도덕철학에서 그 극단의 이론을 발견할 수 있듯이 인간인 한 누구나 갖고 있는 내면적 보편적인 자유의지의 순수한 형식적 법칙에 직소(直訴)하는 도덕적 제요청이다. 실천이성이니 인간성이니 양식이니 양심이니 하는 것은 역사적 발생적으로 본다면 사회적 관습에서 발달하여 나온 것이다. 그러나 그것은 그런데도 또한 자기가 그로부터 나온 관습을 떠나 독자의 기능을 갖고 모든 사회적 행위에 대하여 인간적 성실성을 요구하는 것이다.

그런데 지금 만일 관습과 심정을 극단으로 대립시켜 놓고 본다면 전자가 외면적인 데 반하여 후자는 내면적인 것이며 전자가 실체적인 데 반하여 후자는 주관적인 것이다. 전자가 역사적인 것이라면 후자는 자연적인 것이며, 전자가 내용적인 것이라면 후자는 형식적인 것이다. 따라서 윤리의 관습성이 외면적인 구속성을 가질 수 있는 데 반하여 그의 심정성은 내면적인 당위성뿐 갖고 있지 않다. 그러

나 그대신 전자가 고정화하고 경화(硬化)하는 관성을 갖고
있는 반대로 후자는 외면적 형식적인 것에 구의(拘擬)하지
않는 경성(傾性)을 갖고 있다. 따라서 관습이 복종과 강제
를 강요하는 제도적, "노모스"적(인위적)인 것으로 굳어지
기 쉬운 반대로 심정은 어떠한 충동적, "퓌지스"적(생명적)
인 것과 결합하면 창조와 혁신의 윤리로 전화할 수 있는
것이다. 관습은 역사적, 전승적인 것이므로 특수에서 비롯
하여 특수로 끝나는 것이나, 심정은 보편 인간적이므로 개
별적인 동시에 보편성을 갖고 있다. 전자는 폐예(閉銳)된
사회에 고유한 것으로 구심적 원환적 성질을 갖는 데 반
하여, 후자는 개방된 사회에 고유한 것으로 원심적 직선적
성질을 갖고 있다. 그 의미에 있어서 전자가 민족의 윤리,
계급의 윤리라면 후자는 개인의 윤리, 인류의 윤리이다.

　그러나 참다운 의미에서 윤리라 말할 때에는 그것은 단
순한 관습적인 것으로만 되는 것도 아니고 심정적인 것으
로만도 되는 것이 아니다. 윤리란 무엇보다도 사회생활의
컨벤션으로서 생성하여 역사적으로 발달하여 온 것이다.
일정한 시대 일정한 민족의 윤리는 모두 특수한 역사적 성
격과 사회적 내용을 갖고 있다. 이러한 특수적 실체적인
관습의 체제를 떠나서 별개의 윤리가 있는 것이 아니다. 그
러나 단순한 관습으로서의 윤리는 개인 이전의 직접적 전

체성적 구조를 가진 것으로서 우리가 지상에 떨어지는 날부터 전체의 일지체(一肢體)로서만 자기를 형성하도록 마련된 사회적 국민적 지반이다. 그런데 윤리의 윤리성 또는 인간의 인간성이란 것은 개성의 자각을 기다려서만 성립할 수 있는 것이다. 주체와 주체의 대립, 인격과 인격의 대립이 없이는 우리의 행위가 윤리적 의미를 가질 수 없다는 것은 지금까지 되풀이한 명제이다. 뿐만 아니라 사회생활의 절리적(切利的) 견지에서 보더라도 일정한 사회 체제가 자기의 존속을 유지하는 것은 법제와 율령과 같은 단순한 외적인 제재와 구속으로써만은 불가능한 일이다. 그러한 외적 질서와 함께 그 질서를 밑으로부터 지지하는 사회적 윤리적 "게뮤트"의 형성이 필요하다. 다시 말하면 한낱의 질서가 성립하면 그의 존속을 위하여서는 그 질서에 대한 전성원의 윤리적 자각이 필요하게 된다. 한데 사회적 공동생활에 대한 윤리적 자각이란 한말로 말하면 전체의 외적 요구를 그 전체에 속한 개개의 성원이 각기 자기의 내적 요구로 환치하는 작용을 이르는 것이다. 이와 같이 외적 소명이 곧 내적 사명이 되며 내적 사명이 곧 외적 소명이 되는 이른바 표현적 자각이 없이는 예하면 전체의 외적 강조와 같은 것도 각성원의 자발적 복종을 가져올 수 없는 것이다. 그러므로 윤리의식은 그 "의식의 경험"에 있어서 위선 전체의 부정인 개인의 정립을 통과하지 않으면 안 된다. 이리하여 출현하는 것이 소위 관습의 분열로서의 심정의 윤리이다. 그러나 개체와 개체의 대립은 개체와 개체의 공동 존재를 전제하고서만 가능한 것이다. 그러므로 개인의 정립으로 비롯하는 윤리의식은 개인의 지양으로써 끝마치지 않을 수 없다. 이리하여 전체가 개인의 정립과 지양을 통하여 분열에서 다시 통일로 돌아온 것이 우월한 의미에 있어서의 윤리적 실체이다.

그러므로 한말로 말하면 참다운 의미의 사회적, 윤리적 실체란 단순한 관습적인 것도 아니고 단순한 심정적인 것도 아니다. 그것은 관습과 심정의 통일로서 관습의 구석구석에는 인간성이 침투하지 않으면 안 될 것이며 인간성의 표현으로서 관습은 존재하는 것이 아니면 안 될 것이다. 그리고 그것은 위에서 본 대로 개인을 매개로 한 전체의 변증법적 통일을 통하여서만 실현될 수 있는 것이다. 그러므로 참다운 의미의 윤리란 관습의 실체성과 심정의 주관성의 통일로서의 주체성적인 윤리이며 관습의 특수성과 심정의 보편성의 통일로서의 구체적 보편성적인 윤리이다. 특수는 개체를 매개하는 데 의하여서만 보편성을 획득하게 되며 보편은 특수를 매개하고서만 개성적인 것이 될 수 있다. 관습의 역사적 내용은 심정의 형식적 법칙과 결합하는 데 의하여서만 주체적 진실성의 요구를 충당할 수 있으며, 심정의 형식적 법칙은 관습의 역사적 내용과 결합하는 데 의하여서만 객관적 실질성에의 요청을 만족시킬 수 있다.

그러나 한 사회의 인륜적 실체에 있어서 관습과 심정이 완벽한 조화를 얻어 윤리의 내용과 형식, 역사와 인간, 실체와 주관, 특수와 보편이 완전한 통일을 수성(遂成)하는 것은 행복된 시대 행복된 사회이다. 다수한 민족의 장구한 역사상에서도 이러한 시대 이러한 사회는 흔히 없는 희귀한 존재이다. 사회의 하부구조와 상층건축과의 간에 거창한 허극(虛隙)이 없고 계층과 계층과의 간에 심각한 상극이 없는 균제(均齊)와 조화를 얻은 시대에만 이러한 완벽한 윤리적 실체가 실현될 수 있는 것이다. 따라서 일반적 개괄적으로 말한다면 한 사회가 그 내부에 있어서 파괴와 동요의 단계를 넘어 건설과 완성에의 고전적 목가적 발전이 약속되는 시기에만 이러한 윤리적 실체의 실현이 가능할 수 있다. 그리고 그러한 시대에 나서 그러한 사회생활을 그린 문학은 희랍의 서사시에서 볼 수 있듯이 정신과 육체, 습속과 심정, 개성과 사회성, 영웅과 민중이 완전히 통일된 절제와 균형이 잡힌 인간성의 완미한 전형이 나타날 수 있다. (이 점에 관해서는 전월호 소재 최재서 씨 <서사시 · 로만스 · 소설> 참조) 그것은 다른 까닭이 아니다. 그곳에서는 사회적 관습과 개인의 심정이 완벽한 내면적 조화를 얻을 수 있는 만큼 전 사회성원의 인간성이 왜곡과 부상을 입는 일이 없이 건강하고 명랑하게 성장하고 발양할 수 있기 때문이다. 그리고 이러한 사회에서는 문학이 탐구하는 윤리적 진은 그 시대에서 현재 통용되고 있는 에토스가 되지 않을 수 없다. 그 현행의 에토스는 객관적으로 역사적 합리성, 즉 진리성을 잃지 않았을 뿐 아니라 주체적으로 인간적 진실성을 갖고 있기 때문이다. 역사적 합리성이란 구체적 보편적 성질을 가진 것으로 일정한 시대의 일정한 사회체제에 있어서 특수와 보편이 분열하지 않는 한 그것은 곧 그 사회체제가 아직 역사적으로 존속할 필연성을 갖고 있는 것을 의미하는 것이다. 그리고 그 것이 또한 역사적 합리성을 갖고 있는 한 주체적 진실성을 수반할 것은 물론이다. 관습과 심정의 통일이 분열하지 않는 한 그것은 인간적 진실성을 잃지 않는 법이다. 그런데 윤리적 진이란 객관적으로 진리인 동시에 주체적으로 진실한 것이라면 관습과 심정이 완벽한 통일을 형성하고 있는 시대의 윤리적 진은 그 시대에서 현재 통행하는 에토스 이외에 별개의 것이 있을 리 없다. 따라서 그러한 시대에 있어서는 현행의 에토스가 그대로 또한 문학 또는 작자 자신의 모랄로 등장하는 법이며 현행 에토스 이외에 작가의

의식에 별개의 모랄이 떠오를 수도 없는 것이다. 작가의 정
신은 완전히 그 시대에 안주하게 된다. 현대작가에 있어서
와 같은 자기 시대에 대한 이심적(離心的) 생존이란 그러
한 시대의 행복된 에토스 속에 사는 작가에게는 무연(無
緣)한 것이다. 그는 자기가 사는 시대에 대하여 시의(猜疑)
할 리 없고 회의할 리가 없다. 자기가 사는 시대에 대하여
회의하지 않는 작가에게 제 시대에 대한 이심적 생존의 의
식이 발생할 까닭이 없는 것이다. 그러므로 한말로 말하면
이러한 시대와 사회에 있어서는 문학이 한 시대의 윤리적
진을 제시한다는 것이 현대에 있어서와 같이 그렇게 어렵
지 않을는지 모른다.

4.

그러나 사회의 인륜적 실체란 "짐멜"의 용어를 빌려
말하면 "생 보다 이상(以上)" (Mehr-als-Leben) 것으로서,
일단 자기의 체제를 확립하고 보면 그 자체에 고유한 법
칙과 논리를 갖고 "보다 이상의 생"(Mehr-Leben)에 대
립하여 생의 전진과 발전을 저지하는 일종의 내면적 관성
을 갖고 있다.

　윤리적 제(諸)컨벤션 제제격률(諸諸格率)은 정형적(定
形的)인 것으로 한도 이상의 반복을 지속하면 고정화, 경화

하여 자기의 형(形)을 고지(固持)하는 보수성과 정착성을 갖고 있다. 그러나 그와 반대로 생은 정형 이전 또는 정형 이상으로서 끊임없이 보다 이상의 생으로 전진하고 발전하는 초월성과 유동성을 가진 것이다. 생은 생인 한, 늘 "산" 것을 낳는 법이다. 생의 생명성은 늘 옛것을 벗고 새것을 탄생하는 데 있다. 이리하여 생의 타재태(他在態)인 객관적 질서가 늘 자기를 정착하고 자기를 고지하는 데 반하여 생의 자재태(自在態)인 인간성은 끊임없이 자기를 창조하고 자기를 신생하는 것이다. 그러므로 "생보다 이상"의 윤리적 실체를 생의 형식이라면 "보다 이상의 생"인 인간성은 생의 내용으로 볼 수 있는 것이며, 전자를 생의 한계로 볼 수 있다면 후자는 생의 "흐름"으로 볼 수 있는 것이다. 따라서 사회의 윤리적 질서는 비록 그 존재의 근거에 있어서 생의 객관적 표현으로 나타나는 것이라 하더라도 일단 자기를 정형화하고 보면 조만간 그의 고정적 정착적인 성향과 인간의 창조적 유동적인 의욕과의 사이에서 허극(虛隙)과 대립이 발생하지 않을 수 없게 된다. 생은 기성의 윤리체제를 이탈하고 전진하려 하며 윤리체제는 자기를 이탈하여 나가는 생을 자기의 정형 속에 결착(結着)하여 두려 한다. 전자의 원심적 경향이 증진하면 거기 따라 후자의 구심적 작용도 강화하지 않을 수 없다. 이리하

여 전체의 분열과 개인의 지양을 통하여 일단 조화와 통일
로 돌아온 습속과 심정은 다시 조화에서 상극으로, 통일에
서 분열로 이행하게 된다. 윤리의 내용과 형식, 역사와 인
간, 특수와 보편, 실체와 주관은 추상적인 대립물로 분열하
게 된다. 그리고 거기에 따라 인간성의 순탄한 발전을 조성
하던 윤리적 제격률, 제질서는 인간성의 발전에 대한 질곡
으로 전화하지 않을 수 없다. 다시 말하면 그것은 지금까지
인간을 포섭하던 주체적 지반으로서의 기능을 버리고 인간
에 대립하는 객체적 장벽으로서의 경위(境位)로 이행한다.
그리고 이러한 계제(階梯)를 밟아 인간성과 상극하는 계
단(階段)에 도달한 윤리는 벌써 객관적으로 역사적 합리
성을 상실하는 동시에 주관적으로 인간적 진실성을 탈락하
지 않을 수 없다. 역사적 합리성이란 구체적 보편적 성질을
가진 진리라면 보편과 분열한 특수는 비합리적인 것이 되
지 않을 수 없으며, 인간적 진실성이란 주체적인 진실이라
면 주관을 떠난 실체, 인간과 분리한 역사가 비진실할 것
은 두말할 것도 없다. 다시 말하면 그러한 기성의 윤리는
윤리적 진을 상실한 것으로 참다운 윤리성을 탈락한 단순
한 형해의 윤리, 관행의 퇴적에 지나지 않는다. 그러나 그
것은 설사 형해와 관행의 퇴적이라 하더라도 현실에 있어
서 새로운 생활과 윤리를 희구하는 인간성을 긴박(緊縛)

하고 매질하는 점에서는 막대한 힘을 가진다. 그러므로 이러한 형해의 윤리에게 박(縛)되어 생장하는 인간성은 관습과 심정의 모순에 부대껴 왜곡되고 위축하고 훼상(毁傷)되고 병들지 않을 수 없다. 한말로 말하면 조화와 절제를 상실한 찌부러지고 못난 인간성이 생성하는 것이다. 육체와 정신, 지성과 정의, 심리와 행동, 개성과 사회성이 균형과 통일을 잃은 우울하고 건전치 못한 인간이 탄생한다.

그러면 사회의 윤리적 실체에 있어서 관습과 심정이 대립하여 윤리의 역사성과 인간성, 특수와 보편이 분열하는 것은 어떠한 시대인가. 관습과 심정의 완벽한 조화를 기할 수 있는 것이 만일 한 사회가 초창(草創)과 동요의 계단을 넘어서 건설과 완성에의 고전적 목가적 발전이 약속되는 계단이라면 그 조화가 파탄하는 것은 그 사회가 건설과 완성의 계단을 넘어서 동요와 불안의 계단에 들어선 시기이리라. 전자가 만일 한 사회의 대립에의 경향보다도 통일에의 경향이 우세한 시대에 기대할 수 있는 것이라면, 후자는 틀림없이 통일에의 경향보다도 대립에의 경향이 우세한 시기에 볼 수 있는 현상이리라. 한 사회를 조성하는 제 성층, 제과정 사이에 허극과 대립이 노현(露現)하는 시기에는 윤리의 "짓테"와 "게뮤트" 간의 조화와 통일은 기대할 수 없는 것이다.

　그러면 한말로 말하여 이러한 불안과 동요의 시대에 있어서 문학을 통하여 표현하는 인간성은 어떠한 형자(形姿)로 나타날 것인가? 그것은 현대문학에서 볼 수 있듯이 흔히 육체와 정신, 심리와 행동, 지성과 정의(情意), 개성과 사회성이 균형과 조화를 잃은 왜곡된 인간성을 창조하게 될 것이다. 말로의 문학에 나온다는 행동이 과잉한 인간들이나 죠이스, 프루스트 등의 문학에서 볼 수 있는 심리가 과잉한 인간들도 현대 인간형의 하나일 것이다. 그러나 그러한 특징적이고 유형적인 인간형을 떠나서도 우리는 현대문학에서 사회생활에의 적응성을 잃은 편굴(偏屈)한 개성 또는 개성을 잃어버린 기계인간 등의 가지가지의 불구한 인간상을 찾을 수 있다. "짓테"와 "게뮤트"가 상극하는 생활 속에서는 다면적인 행위의 제계열을 통일적으로 지배하는 완미한 인간성의 형성이 곤란하지 않을 수 없다. 뿐만 아니라 이러한 시대 이러한 생활 속에 사는 인간들의 심리 특히 작가의 심리는 더 나아가 완성된 것보다도 미완한 것, 균형잡힌 것보다도 불균형한 것, 안정감을 가진 것보다도 안정성을 잃은 것, 정지보다도 운동, 절제보다도 경도(傾倒), 건강보다도 불건강한 것, 원만보다도 편굴한 것, 전아(典雅)보다도 조폭(粗暴)한 것 등—한말로 말하면 아폴로적인 것보다도 디오니소스적인 것, 고전적인

것보다도 현대적인 것에 많은 흥미와 집착을 갖고 있다. 현
대인이 희랍미술에서 볼 수 있는 안정과 윤곽, 조화와 정
지를 특징으로 하는 수학적 형식적 미보다도 불안정과 불
균형, 운동과 경도(傾倒)를 특징으로 하는 역학적 내용적
미에 보다 많이 끌리는 것도 이 때문이 아닐까? 만일 현대
인간의 심리적 특징이 이러하다면 현대작가의 문학으로서
도 형식과 내용이 기이하게 잘 짜인 작품을 대할 때에는
독자로서는 일종의 "피사의 사탑"을 보는 느낌을 갖게 될
것이다. 그리고 그러한 작품 속에 나타나는 인물들은 또한
누례(漏例)없이 불안정과 불균형 속에 일종의 안정과 균
형을 싣고 독자의 심리를 고전예술에서 느낄 수 있는 안온
감, 우미감(優美感)과는 다른 힘센 박력감과 압박감으로
인도하게 될 것이다. 그러나 이것은 현대에 있어서도 위대
한 작품에서만 희한하게 기대할 수 있는 것이다. "근대예
술"에서만 찾아볼 수 있는 이러한 "내면적 형식"(단차원적
인 안정)과 균형은 희랍예술의 특색으로서 "외면적 형식"
이라 부를 수 있는 것임에 반하여 (복차원적[複次元的])인
불안정의 안정, 불균형의 균형은 근대예술의 특색으로서
독일류의 미학의 어휘를 빌려 "내면적 형식"이라 부를 수
있는 것이다)은 현대에 있어서는 이미 붕괴되었다. 오늘날
현대문학에서 문제삼는 "픽션"의 붕괴현상이라는 것도 이

러한 각도에서 관찰할 수 있는 것이다. 그리고 근대 예술
의 전통인 이 "내면적 형식"이 붕괴하면서 있는 현상도 사
회 윤리적 문제로 볼 때에는 이상에서 말한 바와 같은 "짓
테"와 "게뮤트"의 모순에서 배태된 인간성의 분열과 왜곡
화에서 유래하는 것이다.

그리고 윤리의 "짓테"와 "게뮤트"가 통일을 상실한 시대
에 있어서의 문학의 또 한 가지 중요한 특징을 든다면 그
것은 작가에게 자명한 윤리적 진이 주어지지 않는다는 것
이다. 다시 말하면 문학의 묘사대상이 완벽한 조화를 잃
은 인간상일 뿐 아니라 작가의 의거(依據) 또는 추구하는
윤리에 자명한 진이 없게 된다. 이 양자는 서로 전제와 귀
결의 밀접한 관계를 갖고 있다. 그 시대에 통행되는 에토
스는 이미 보편적인 것과 분열한 특수적인 것이며 인간적
인 것과 분리한 역사적인 것이다. 보편과 분열한 단순한 특
수는 역사적 합리성을 가질 수 없으며 인간과 분리한 단순
한 역사는 인간적 진실성을 잃게 된다. 다시 말하면 그것
은 객관적으로 진리성을 상실하는 동시에 주체적으로 진
실성까지 상실하게 된다. 이와 같이 역사적 인간적 진실성
을 상실한 에토스를 위에서 말한 대로 윤리적 성질을 탈
락한 단순한 관행으로 볼 수 있다면 그것은 또한 그대로
작가 자신의 모랄로 등장하기 곤란할 것이다. 그리고 작가

가 그 시대의 기성 에토스를 그대로 받아들이기 곤란하
다면 새로운 모랄—새로운 윤리적 진을 탐구할 수밖에 없
을 것이다. 작가가 소여된 윤리를 자명한 진, 자명한 윤리
로 보지 않는 한 그의 관심 이 새로운 윤리의 창조로 향할
것은 당연하다. 그런데 작가가 그 시대의 에토스를 그대로
받아들이지 않는다는 것은 곧 작가의 정신이 자기가 사는
시대에 대하여 이심적으로 생존하면서 있다는 것을 증좌
(證左)하는 것이다. 만일 그들이 자기가 사는 시대에 만족
된 심정으로 안주한다면 그들은 제 사는 시대의 에토스에
대하여 시의(猜疑)할 리가 없을 것이다. 따라서 우리는 윤
리의 "짓테"와 "게뮤트"가 통일을 잃은 시대에 있어서는 작
가의 육체는 그 시대에 살면서도 정신만은 과거의 기억 속
의 세계 또는 미래의 기대 속의 세계로 이행하리라는 것을
상상할 수 있다. 이러한 부재의식이 해소되기 위하여서는
일단 분열되었던 "짓테"와 "게뮤트"는 다시 통일로 돌아오지
않아서는 안 될 것이다.

그런데 윤리의 "짓테"와 "게뮤트"와의 분리와 상극은 위에
서 말한 대로 한 사회가 불안과 동요의 계단에 도달한 것
을 표징하는 것이며 사회의 불안과 동요는 또한 그 사회기
구의 어떠한 내적 모순의 외화를 표현하는 것이다. 한다면

"짓테"와 "게뮤트"가 분열에서 통일로, 상극에서 조화로 귀환하는 데는 윤리의 물질적 기초를 이루는 사회의 기본기구가 자체의 모순을 지양할 수 있는 새로운 기초 위에 재조직됨을 요청하지 않을 수 없다. 이것은 곧 역사가 한낱의 사회형태에서 다른 형태로 이행하는 것을 의미하는 것이며, 윤리가 한낱의 인륜체제에서 다른 인륜체제로 이행하는 것을 의미하는 것이다. 윤리의 운동논리도 사회의 그것이나 다를 것이 없다. 사회가 분열에서 통일로 귀환하는 것이 단순한 옛 형태에의 순환이 아니고 보다 높은 형태에의 발전으로 실현되듯이 윤리의 "짓테"와 "게뮤트"가 분열에서 통일로 귀환하는 것도 보다 높은 "짓테"에의 이행으로써 실현되는 것이다. 다시 말하면 그것은 단순한 옛 윤리의 재생산을 의미하는 것이 아니고 새로운 윤리의 탄생을 선고하는 것이 아니면 안 될 것이다. 그리고 윤리의 이러한 운동과정은 인륜의 내면적 구조에 즉하여 보는 한, 부분을 매개로 한 전체성의 분열에서 비롯하여 그 부분의 재부정을 통한 전체성의 회복으로써 끝마칠 듯이 생각된다. 다시 말하면 특수적 전체자의 지위에 타재(墮在)한 인륜이 다시 구체적 보편적인 역사적 합리성과 객관적 주관적인 인간적 진실성을 지닌 윤리로 지양되는 데는 어떠한 형식으로든 개성적 보편적인 인간주체의 정립과 지양을 통로로 하지 않으면 안 될 것이다.

그러나 한 사회의 제성층 제측면의 상극과 대립을 극복하는 데는 범박하게 현상형태에서 볼 때에는 두 가지 길이 있을 듯하다. 아래로부터의 해소의 길 이외에 위로부터의 유합(癒合)의 길이 있다. 한데 현대를 만일 역사적으로 보아 불안과 동요의 시대라고 한다면 현대의 토탈리즘은 사회의 이러한 허극과 대립을 위로부터 극복하기 위하여 생성된 한낱의 정치형태로 보아 무방할 것이다. 그러나 현대의 토탈리즘은 위로부터의 통일을 요구하는 만큼 오늘 날 일련의 국가에서 볼 수 있듯이 부분의 대립성에 한 전체의 통일성의 절대적 우위를 인정하지 않을 수 없다. 그리고 그 통일에 필요한 수단으로서 각 민족의 옛 조선(祖先)으로부터 전승하여 오는 역사적 제관습까지도 그 의의를 높이 평가하지 않으면 안 될 실정이다. 그러므로 이러한 국가에서는 좋든 궂든 심정의 관습에의 종속성은 더욱 그 농도를 첨가하게 되고 거기에 따라 양자의 현격(懸隔)이 더욱 심한 바 있다. 이리하여 사회 제성원의 공민적(公民的) 제행위는 때로는 주체 대 주체의 "행위"로서의 성질을 이탈하고 단순한 "관행"의 화신인 객체 대 객체의 "행동"으로 타행(墮行)하는 느낌이 없지 않다. 이곳에서는 인간은 "인격"(퍼스널리티)으로서 활동한다기보다도 「格人」(페르소나 [persona])으로서만 활동하는 느낌이 있다. 그것은 다른 때문이 아니다. 이러한 국가에서는 민족적 제관습은 매우 낡은 것이거나 또는 매우 새로운 것임에 불구하고 막상 그 관습을 실천하는 인간의 내면적 "게뮤트"는 그 관습의 체질에 고유한 그 낡은 것이거나 그 새것이 아니기 때문이다. 다시 말하면 그 "게뮤트"는 봉건적 "신분"주의나 또는 현대적 "직능(職能)"주의에 고유한 것이 아니고 다분히 근대적 기질에 친근한 것이다. 그러므로 이 말은 달리 말하면 현대의 토탈리즘도 이 "짓테"와 "게뮤트", 역사와 인간의 모순을 해소하려면 자기의 생리에 고유한 윤리적 "게뮤트"를 함양하지 않으면 안 된다는 말도 된다. 그렇다! 현대의 토탈리즘도 한낱의 새로운 질서로서 존립하는 데는 그자신에 고유한 윤리적 "게뮤트"를 요구하게 될 것이다. 오늘날 동경 논단에서 신체제의 윤리니 신경제윤리니 하는 것이 문제되는 것도 그러한 요구에서 나온 줄로 안다. 그러나 우리는 지금까지의 행론(行論)에서 볼 수 있듯이 다음의 한 가지 점은 잊어서 안 될 것이다. 즉 윤리적 "게뮤트"란 것은 인간의 내면적 정의(情意)의 세계를 조직하는 것인 만큼 그것은 그 어떠한 것을 물론하고 한 국민의 역사적 체질에만 맞는 단순한 특수적인 것이 아니고 보편 인간성에 뿌리박은 개성적 보편적인 특질을 가진 것이 아니어서는 안 될 것이다. 다시 말하면 그것은 국민의 역사적 체

질에도 맞는 동시에 인간적 본성에도 맞는 것이 아니면 안
될 것이다. 그리고 이러한 윤리적 "게뮤트"가 창조되기 위
하여서는 그 사회는 어떠한 형식으로든지 단순히 폐쇄된
장소가 되지 말고 개방적인 세계도 되어야 할 것이며 단
순히 원환적인 공동체가 되지 말고 직선적인 집합체도 되
어야 할 것이다. 하다면 현대의 토탈리즘은 이러한 윤리적
"게뮤트"를 창조할 필연성이 있는가? 만일 그 자체의 생리
로 보아 그 보장이 곤란하다면 현대 인간의 질환은 구하
기 어려운 것이다. 그 질환이란 이상에서 말한 바 관습과
심정의 모순에서 생기는 현대 인간성의 가지가지의 분열적
변질적 경향을 말하는 것이다. 그리고 관습과 심정의 괴리
가 해소되지 않는 한 현대작가의 "부재의식"이라는 것도
극복하기 어려울 줄로 안다. 작가의 부재의식이란 자기의
장소에 대한 관심적 생존을 의미하는 것이다. 따라서 작가
의 진을 추구하는 정신은 한 시대의 에토스를 뚫고 깊고
먼 곳으로 쏠리지 않을 수 없다.

  그런데 이곳에서 유의하지 않으면 안 될 것은 현대와 같
이 관습과 심정이 분열한 곳에서는 문학이 단순히 현행 에
토스를 그리는 것만으로서는 현대의 진실을 파악할 수 없
지 않을까 하는 점이다. 심정과 분리한 관습은 역사적 합
리성과 주관적 진실성을 가질 수 없다면 현행 에토스 속에

서 현대의 진실을 찾을 수 있다는 것은 명백한 의문이 아닐 수 없다. 그 의미에서 작금의 문단에서 문제되는 소위 시정편력(市井遍歷)이니 풍속묘사니 하는 것은 그것만으로서는 문학의 제일의적인 길이 아닐 듯 싶다. 그러나 한 말로 시정편력이니 풍속묘사니 하지만 그 하나는 현행 에토스를 그 대로 곧 자기의 모랄로 받아들이고 현행 에토스의 입장에서 현대의 풍속을 그리는 작가의 길로서 이것은 두말할 것 없이 통속문학의 길이다. 그러나 다같이 풍속을 그리는 데도 전자와는 반대로 현행 에토스의 입장을 넘어서는 별개의 윤리적 견지에서 그릴 수도 있는 것이다. 이것은 진정한 문학의 길이다. 이곳에서는 작가의 메스는 필연적으로 현대 풍속의 본질의 해부로 향하지 않을 수 없으며 그 성과는 현대 에토스에 대한 "비판"으로 나타나지 않을 수 없다. 이곳에서 문학에만 고유한 모든 아이러니와 패러독스가 풍속비판의 예리한 수단으로 등장하게 될 것이다.

그러나 풍속묘사가 풍속비판이 되는 데는 한가지 중요한 전제가 고려되어야 할 듯하다. 즉 작가의 눈은 늘 현대의 다채한 풍속의 묘사를 통하여 현대인의 인간성이 생활 장면의 이동을 따라 가지가지로 왜곡화하고 기형화하는 방식과 과정을 추구하는 데 쏠리지 않으면 안 될 것이다.

다시 말하면 현대 풍속의 파노라마를 통하여 현대 인간성의 가지가지의 앱노멀(abnormal)한[1] 발전양상이 한 줄기의 코스에 연결되어 우리의 눈앞에 뚜렷하게 나타나지 않으면 안 될 것이다. 그렇지 않는 한 한 시대의 풍속의 묘사는 그 시대의 에토스에 관한 비판이 될 수 없다. 현대 풍속의 비만한 육체는 현대인의 수척하고 짜부라진 인간성과 대질(對質)될 때에만 그것이 비만하게 된 생리적 이유가 나타날 것이다.[2] 그러므로 풍속을 그리는 작가는 늘 현대의 에토스와 인간성이 예각적으로 저촉하는 장면으로 그의 "렌즈"를 돌려대는 총명과 기민(機敏)이 있어야 할 것 이다.

그런데 이 경우에 있어서도 한층 원칙적으로 말한다면 작가가 풍속을 그리는 것은 기실은 풍속 그 자체에 의의가 있다기보다도 현대 인간성의 본질과 동향의 추구에 그 본의가 있다는 것을 망각할 필요가 없다. 풍속을 그리는 것은 그것을 통로로 하고서만 인간의 참된 자태가 부조(浮彫)되기 때문이다. 문학의 본질이 인간적 진의 추구에 있다면 풍속을 위하여 인간을 대질하기보다도 인간을 추구하기 위하여 풍속을 그린다는 것이 본도(本道)가 아닐까? 이러 한 의미에서 우리는 풍속묘사의 의의를 현대 인간의 존재양태와 발전동향을 추구하는 데 둔다. 한말로 현대 인

간이라 말하지만 그 속에도 여러 가지 성층이 있을 줄로
안다. 그리고 인간성이란 평면적으로 볼 때에는 왜곡이니
신장이니 하는 단출한 개념으로 특징지울 수 있는 것이나
그 속에 한 가지 차원을 더 도입하고 보면 그것은 왜곡되
었다면 왜곡된 대로 또한 사회적으로는 일정한 존재 방식
을 갖고 역사적으로는 일정한 운동방향을 함축하고 있는
것이다. 새로운 윤리의 싹은 현대의 에토스와 기묘한 콘트
라스트를 이루고 있는 인간 제성층의 사회적인 제존재양
태와 역사적인 제발전 동향의 추구를 통하여 붙잡을 수밖
에 없을 것이다.

　그야 어쨌든 문학이 탐구하는 것은 인간적 윤리적 진실
이다. 하다면 문학의 윤리성은 또한 인간의 진실을 수립하
는 데 있지 않으면 안 될 것이다. 문학의 윤리성이란 문학
의 존재이유를 말하는 것이다. 작가의 본분은 진실에 철
(徹)하고 진실을 옹호하는 데 있어야 할 것이다. 그러나 진
실에 철하려 하는 한 현대작가는 현대의 에토스와 인간성
의 착종한 대척면에 직면하지 않을 수 없다.

Notes

I have transcribed this essay from Sŏ Insik, "문학과 윤리" ("Munhak kwa
yulli"; "Literature and Ethics"), 인문평론 (*Inmun p'yŏngnon*; *Humanities
Critique*), vol. 2, no. 10, 1940, pp. 6–22.

1. This English gloss was added by the editors Ch'a Sŭnggi and Chŏng Chonghyŏn in the version of Sŏ's essay published in 신문 · 잡지편 [*Sinmun · chapchi p'yŏn; Newspaper and Journal Articles*], Yŏngnak, 2006, pp. 241–64, vol. 2 of 서인식 전집 (*Sŏ Insik chŏnjip; Sŏ Insik Complete Works*).

2. During this period writers often used imagery of fat bodies to refer metaphorically to the accumulation of wealth or power. Sŏ seems to mean in this sentence that modern people are impoverished and that only when powerful contemporary cultural customs are viewed in relation to that impoverishment can we see how these customs became powerful. I register here my disagreement with the language used in this type of metaphor.

"향수"의 사회학

《조광》1940년 11월

1. "이데—"와 "이데올로기"

우리는 어떠한 사상 또는 정신과 대결하는 경우에든 그 사상 또는 정신을 구체적으로 파악하기 위하여서는 적어도 늘 두 가지 측면으로 고찰하는 것이 옳지 않을까 생각한다. 그 하나는 "이데—"로서의 측면이고 다른 하나는 "이데올로기"로서의 측면이다.

사상이란 것은 그 어떠한 것을 물론하고 사상 그 자체에서 이해할 때에는 모두 "이데—"적 성격을 지니고 있을 듯하다. "이데—"란 것은 이념 또는 이상이라는 역어(譯語)에서 보아서도 알 수 있듯이 반드시 일정한 사상이 함축하고 있는 인간 의욕의 표현으로서의 영원한 의미—가치를 가리키는 것이다. 하다면 의미를 의미로서만 보고 가치를 가치로서만 볼 때에는 그 어떠한 사상이든 반드시 어떠한 영원한 의미와 우월한 가치를 지향하리라는 것을 용이(容易)히 알 수 있다. 사실 그렇지 않는 한 사상은 인간을 파악하고 인간을 조종하는 일종의 정치적 무기로서의 효용적 가치를 잃지 않을 수 없기 때문이다.

따라서 우리는 이곳에서 알 수 있다. 즉 제 아무리 내용이 빈약한 사상이라도 "이데―"적 견지에서 그가 함축하고 있는 의미대로만 이해할진대 그 어느 것이나 훌륭하고 아름답지 않은 것이 없다는 것을, 이리하여 인류는 예로부터 아름답지 못한 행위가 흔히 신이나 인인(隣人)을 위한다는 이름 아래서 훌륭한 사상의 탈을 쓰고 수행된 예를 눈이 시도록 보아왔다.

사상의 정체는 사상을 사상으로서만 보는 것으로서는 식별할 수 없다. 사상의 정체가 식별되기 위하여서는 그것은 늘 어떠한 역사적 사회적 배경 밑에 놓여 가지고 그의 사회적 현실적 의의가 물어지지 않으면 안 될 것이다. 다시 말하면 사상이 지니고 있는 의미는 일방(一方) 의미로 이해되는 동시에 또한 존재에 관련된 의미로 이해되지 않으면 안 될 것이다. 그 의미하는 바가 무엇인 것을 아는 것도 물론 간요(肝要)하지 않은 것이 아니다. 그와 동시에 그 의미가 누구의 손에서 누구 때문에 어떤 필요에서 어떠한 역할을 맡아 갖고 생긴 것까지도 천착되지 않으면 안 될 것이다. 이것 이 사상을 이른바 이데올로기적 성격에서 보는 견지이다. "이데올로기"란 존재에 관련한 한에 있어서의 의미

또는 존재에 종속된 한에 있어서의 의미이다. 그 자체에 있어서의 관념이 "이데—"라면 존재와의 관련에서 파악된 "상태로서의 관념"이 "이데올로기"이다. 이러한 이데올로기적 견지에서 볼 때에만 모든 사상의 구체적 특질 또는 현실적 의의가 뚜렷하게 나타나는 법이다.

허나 오늘날의 정세는 사상의 평가에 있어 이데올로기적 견지 보다도 차라리 "이데—"적 견지를 요구하지 않는가 생각한다. 사상의 "이데올로기"적 성격을 고조(高調)하는 것은 소위 비판적 지성이나 할 일이고 "창조적 지성"이 관여할 바 아니라 한다. 이유는 단순하다. 오늘날은 해석보담도 행위가 요구되고는 이해보담도 구상이 문제되는 시대라는 데 그 중요한 이유가 있는 듯하다.

그러나 비판이 없는 곳에 참다운 창조가 있으며 해석이 없는 곳에 참다운 행위가 있을 수 있을까? 오늘날의 비판이 창조와의 연관을 갖지 못하고 해석이 행위와 단절되어 있다면 그것은 현대지성의 결함이라기보다도 차라리 그들에게 창조와 행위에 관여할 기회를 제공할 수 없는 현대조직의 결함이 아닐가? 그야 어쨌던 창조와 비판 행위와 해석은 원칙적으로 결합하여야 하는 것일진대.

사상의 "이데올로기"적 비판은 반드시 그의 "이데—"적 성격을 하는 것이 아니리라, 오늘날 새로 탄생하는

"이데―"가 참으로 우월한 의미에서 한 시대를 향도할 "이데―"로서의 본질을 갖춘 것이라면 그는 어떠한 "이데올로기"적 비판이라도 기피할 필요가 없을 줄로 안다.

2. 상식

상식이란 것에 대한 세상의 평가와 같이 구구한 것은 드물 것이다. 얼핏 보더라도 우리는 한편 상식이라면 퍽 고맙게 아는 반면에 다른 한편 퍽 업수이 여기는 경향이 있다. 가령 예를 들면 "그 사람은 몰상식한 사람이군" 하는 말은 그 이면에 상식은 존중하여야 할 것이라는 의미를 함축하고 있다. 그러나 그와 반대로 "그 사람은 너무 상식적이다" 하는 말은 도리어 상식은 경멸할 것이라는 의미를 갖고 있는 것이다.

그러나 상식에 관한 이러한 상반하는 평가 속에야말로 상식의 본질이 숨어있는 것이 아닐까?

상식이란 한 시대의 인간생활의 집적된 경험을 집약적으로 표현하는 것으로서 그 시대에 일반적으로 통용되는 가장 건전하고 무난한 견식을 말하는 것이리라. 다시 말하면 그것은 일정한 시대에 있어서 일정한 민족이 도달한 문화의 평균수준을 표지(標識)하는 것으로서 그 시대의 지적 또는 도덕적 수준의 평균치에 도달한 사람이라면 누구나 소유하고 있는 "파퓰러"한 견식을 말하는 것이리라. 그러므로 상식은 또한 어떠한 시대에 있어서는 그 시대인간에게 "적어도 이만 쯤의 것은 알아두어야 한다"는 요구를 언제든 갖고 있으리라는 것을 알 수 있다. 그 사람은 몰상식한 사람이란 말은 누구나 알아야 하고 또는 알고 있는 "그만 것도" 알지 못한다는 의미이다. 그리고 "그만 것쯤"은 알아두어야 한다는 말은 그 이면에 있어서 또한 "그만 것"으로서는 충분한 지(知)와 행(行)이 못된다는 의미까지도 수반한 말이 아닌가! 그 사람은 너무 상식적이라는 말은 곧 그만큼 아는 것으로서는 충분한 지식이 못된다는 것을 의미하는 것이다.

이곳에서 우리는 알 수 있다—상식이란 최저한도의 필요한 지식인 동시에 또한 최고한도의 충분한 지식이 아니라는 것을. 한말로 말하면 상식이란 필요하면서도 불충분한 지식이다.

상식이 한편 존중되면서도 다른 한편 경멸받는 이유는 정히 상식의 이러한 지적 성격에서 오는 것이 아닐까? 상식이 존중되는 것은 아직 상식에까지 미치지 못한 사람이 있는 탓이며 상식이 경멸되는 것은 아직 상식을 넘어서지

못한 사람이 있는 탓이리라. 하다면 우리로서도 아직 상
식에까지 도달하지 못한 사람을 위하여서는 끝까지 상식
의 존귀한 것을 말하여야 할 것이며 상식에만 그치는 사
람을 대하여서는 끝까지 상식의 빈약한 것을 말하여야 할
것이 아닌가? 이것이 상식 그 자체가 요구하는 상식에 대
한 태도이다.

그런데 어떤가. 우리는 이 사회에서 흔히 이 상식의 요
구가 전도되는 예를 본다. 일면 상식을 넘어서야 할 사람
이 필요한 지식으로서의 상식의 이면에 숨어서 불충분한
지식으로서의 상식의 타면(他面)을 음폐(陰藏)하고 상식
이라면 조선(祖先)의 위패와 같이 모시는 일이 있는가 하
면, 다른 일면에 있어서는 상식에까지 미치지 못하는 사람
들이 불충분한 지식으로서의 상식의 이면에 숨어서 필요
한 지식으로서의 상식의 타면을 무시하고 상식이라면 헌
신짝같이 업수이 여기는 일이 있다. 한데 이것도 이와 같
이 상식의 요구에 둔감한 사람이 다른 사람의 생활과 운
명에 그렇게 큰 관계를 갖지 않은 개개의 평범한 시민이라
면 그렇게 문제될 것이 없다. 허나 만일 많은 사람들의 생
활을 좌우하는 지위가 있는 사람들이 그러한 경우에는 딱
한 것은 그 뒤를 따라 가지 않을 수 없는 사람들이다. 그것
도 상식을 넘어서지는 못 할망정 상식을 존중할 줄을 아는

경우는 그래도 무관하다. 가장 상식적이어야 할 일에 상식을 배리(背離)하는 경우가 가장 딱하다.

3. 향수의 형이상학

우리가 흔히 쓰는 말에 향수라는 말이 있다. 향수란 애수 일종으로서 고향에 관련한 "페이소스"이다. 한데 애수란 것은 추억 작용에 수반하는 정서로서 그 표상 내용으로서는 특히 과거에 한번 있었던 것으로서 현재에 이미 잃어버린 사실 또는 사물을 요구 함으로써 이루어지는 법이다. 그러므로 향수란 원칙적으로는 고향을 떠난 사람 또는 고향을 잃어버린 사람만이 가질 수 있는 감정이다.

그런데 우리는 고향이라면 우리의 청소년 시절을 그곳에서 맞이하고 그곳에서 보낸 자연적 향토를 가리키는 것이 상례이다. 제 일차적 의미에 있어서의 고향이 우리의 골격과 근육을 굵여진 말하자면 육체의 요람으로서의 이러한 자연적 풍토를 의미함은 물론이다. 따라서 우리의 고수(苦愁)라는 것도 대개는 이러한 자연적 풍토에 연관한 것이다. 향수에 사로잡힌 사람의 심복(心腹)에 고토(故土)의 풍경이 늘 기억 표상으로서 떠오르는 것은 이 때문이다. 이 것은 한 개인에 있어서 그러할 뿐 아니라 한 민족에 있어서도 그러하다. 유대 사람들의 고향은 오늘날도 의연

히 "팔레스티나"이며, 저들의 향수 속에 떠오르는 풍경은
의연히 "팔레스티나"의 수척한 자연일 것이다.

그러나 우리가 만일 고향이라는 말을 상징적으로 쓸 수 있
다면 우리에게는 지금 말한 육체의 고향을 넘어서 정신의
고향이라는 것도 있을 상 싶다. 우리의 육체는 현재 제가
나고 제가 자라난 풍토에 정착하여 살면서도 우리의 정신
만은 가끔 이미 지나간 어떠 한 특정시대(또는 국토)의 정
신적 풍물을 일종의 향수의 감정을 갖고 그리는 경우가 있
다. 헬더―링의 정신적 고향은 희랍이었으며 괴테의 그것
은 이태리였다. 무슨 때문일까! 육체에 유소년 시절이 있다
면 정신에도 그러한 시절이 있을 것이며 육체의 생장에 필
요한 환경으로서 일정한 자연적 풍토가 요구된다면 정신
의 그것에 필요한 환경으로서는 일정한 정신적 풍토가 있
을 것이 아닌가? 그럼으로 인간은 그 누구를 물론하고 그
들의 개성이 눈뜨던 날 그들의 어린 개성을 품속에 안고 장
차 올 인간에 대한 이상과 정열을 가꾸어 주던 정신의 요
람만은 다 하나씩 갖고 있을 줄 안다. 그러나 한 시대의 정
신적 풍토를 이루는 사상, 도덕, 풍속, 분위기 등은 역사의
"액센트"의 이동이 잦은 시기에는 소장(消長)과 대위(代位)
가 잦기 쉽다. 이리하여 우리의 인생의 첫날을 준비하여주

던 그 정신의 세계가 무너지고 그와 인연이 먼 별개의 정
신적 풍속이 우리의 생활의 후사(後史)에 투입하는 경우
에는 이미 무너진 정신의 세계는 우리의 정신사적 생애에
있어서 일종의 상실된 고향의 풍격(風格)을 갖추고 그것을
회상할 때마다 일종의 향수를 자아내게 될 것이다. 이 땅
의 지식층만 두고 보더라도 그들의 육체만은 틀림은 없이
이 땅의 자연 속에서 컸으나 정신은 구라파적 계보에 속
하는 학문과 예술의 성과 위에서 일련의 특이한 정신적 세
계들을 편력하면서 성장하였었다. 이리하여 그들의 육체
의 요람과 정신의 그것은 처음부터 그 계보를 달리한 만
큼 그들의 정신은 탄생되던 첫날부터 그 체질이 이 땅 고
유의 정신적 풍토와 완벽한 조화를 이루기 어려웠던 것이
다. 근일에 와서는 그 영리(永離)가 더욱 심한 바 있어서 이
땅의 정신적 환경은 이질의 정신이 안주하기에는 지나치게
거칠고 좁게 되었다. 하다면 우리가 이곳에서 육체의 고향
과 함께 정신의 그것을 말하고 향수에 두 가지 기원이 있
음을 지적함은 우리의 생활 실감에 겨누어 보아도 무리가
없을 줄 안다.

　그러나 한 걸음 더 나가 생각한다면 우리가 말할 수 있
는 고향은 이상에 말한 육체적인 것과 정신적인 것의 두
가지뿐일까? 지금 만일 향수의 형이상학까지 말하는 것을

허락한다면 나는 지금 말한 두 가지 고향을 넘어서 끝으로 원시고향이라는 것까지도 상정할 수 있지 않을까 생각한다. 어떤 의미에서? 옛날부터 많은 시인은 우주를 역여(逆旅)로 보고 인생을 과객으로 보아왔다. 이것은 곧 이 세상을 통틀어서 한낱의 이향(異鄕)으로 간주하고 인간이라는 것을 한낱의 이향적(離鄕的) 존재로 생각하는 "요해(了解)"에서 나온 관념이다.

그런데 이것은 물론 다만 몇 시인의 감상에 그치는 사상이 아니다. 인생을 여로에 비유하는 것은 세간에 통행하는 옛날로부터 누구나 다 품고 있는 뿌리깊은 관념이다. 불교에서는 이 세상을 가택(仮宅) 또는 현세로 보고 기독교에서는 인류가 타죄(墮罪)에서 심판에까지 이르는 시련과 구제의 노정으로 보고 있다. 이 세상이 말과 같이 현세일진대 현세 아닌 전세가 그 어딘가 있을 것이며 인류의 역사가 타죄에서 비롯하였다면 타죄 이전에 살던 곳이 있었을 것이 아닌가! 뿐만 아니라 우리는 인간이 이 세상에 "나는 것"(탄생)을 "나온다"(출생)고 말하고 "죽는 것"(사망)을 "돌아간다" (향귀[向歸])고들 말한다. 우리가 만일 이 세상에 "나 있는 것"이 단순한 "생존"이 아니고 "출생존(出生存)"이라면 응당 어디로부터인가 나온 곳이 있을 것이며 우리의 죽음이 단순한 "사망"이 아니고 "사귀(死歸)"라면 응당 어디로인가 도라갈 곳이 있을 것이다. 그러므로 나는 우리가 "...로부터" 나오고 "...로" 돌아가는 그곳을 쉘링이 원시역사를 말하던 고례(故例)를 본받아서 원시고향이라 부르고 싶다. 왜 고향이라고 부르는가? 인간이 자기의 "탄생"을 "출생"으로, 자기의 사망을 "사귀(死歸)"로 요해한다는 것은 곧 그들이 자기가 사는 현세를 이향(異鄉)으로, 자기의 생존을 이향적(離鄉的) 생존으로 요해한다는 것을 의미한다. 인간이 현세와 자기의 생존을 이와 같이 이향과 여객(旅客)으로 요해하는 것이 사실이라면 우리가 그리로부터 나오고 그리로 돌아가는 그곳은 우리의 고향일 수밖에 없다. 더구나 그것은 이 세상 이전의 고향이고 이 세상 안의 그것이 아니다. 그리고 우리의 정신의 고향 또는 육체의 고향 이전의 고향은 그 이후의 그것들에 대해서는 원시적 근원적인 의미를 갖지 않을 수 없다. 그 의미에서 우리는 그것을 말 그대로 원시 고향이라 불러야 할 것이다. 인간의 일생이란 이러한 원시고향을 떠나 나와 이 세상을 표박(漂泊)하다가 다시 그곳으로 돌아가는 동안의 짧은 시간을 가리키는 것이다. 하다면 이러한 원시고향에 대응하는 향수라는 것도 우리에게는 있을 법하지 않은가! 가령 말하자면 플라톤의 "이데아"의 세계

에 대한 상기나 밀턴의 추방된 천국에 대한 시상(詩想)은
어느 의미에서는 이러한 종류의 향수에서 발효한 것으로
도 볼 수 있다.

그러나 원시고향이란 것은 정확하게 말한다면 우리에
게 육체의 고향이 존재하듯이 존재하는 것은 아니리라.
만일 그리 생각한다면 그것은 신비사상이나 승려의 설교
이다. 현세가 있는 것과 같이 전세가 있을 법이 없으며 지
상의 세계가 있는 것과 같이 천국이 있을 리 없다. 이곳에
서 말하는 것은 오로지 인간의 자기요해(自己了解)의 문
제이며 인간의 자기요해를 "힌트"로 한 인간 존재의 현상
론적 해석이다.

그러나 이상에서 말한대로 인간이 인생을 여로로 보는
것이 자기의 생존에 관한 근원적인 요해방식의 하나로서
인간이란 그 근원에 있어서 이향적 생존이라는 독특한 존
재요해를 품고 있다면 망향의 감정, 즉 향수가 인간에 있
어서 "오리지날"한 감정의 하나 일 것만은 틀림없다. 인간
은 그 누구를 물론하고 적든 크든 이향(離鄕)의 의식에 산
다면 (우리가 상주좌와간[常住坐臥間]에 있어서 이 이심
[離心]의 의식을 명료하게 의식하지 못하는 것은 오직 그
들이 평균적인 소위 "세간적(世間的)"(Man)인 존재에 매
몰하여 지내기 때문이다) 향수가 인간의 근본 감정의 하

나일 것만은 물을 것 없는 것이다. 옛날부터 많은 시인이 향수를 노래하였음에도 불구하고 향수가 시작(詩作)에 있어서 구원의 주제로 언제든 청신한 감동을 갖고 등장하는 것은 이 때문이 아닐까. 인류가 자고로 "에덴"이니 "이데아의 세계"니 하는 어떤 종류의 원시고향이든 상정 않고는 마지않는 것은 인간이 그 존재에 있어서 이향적 생존인 탓이려니와 그러한 원시고향을 노래한 종교시, 사상시라는 것도 인간이 지니고 있는 이러한 "오리지날"하고 영원한 향수의 발로이다. 다시 말하면 인간은 자고로 모든 향수의 단초이며 근원인 일종의 원시적 향수성을 갖고 있는 것이다. 이것은 물론 서양의 기독교 사상에서 흔히 볼 수 있는, 인간은 천국에서 추방되었기 때문에 지상에서도 고토(故土)를 여의는 생활을 하지 않으면 안 되게 되었다는 것을 의미하는 것은 아니다. 천국이니 "이데아의 세계"나 하는 것은 말하자면 원시고향의 "노에마"적 상태의 한둘이다. 그럼으로 그것에 관련한 향수라는 것은 이미 "특정한 대상"에 의하여 규정된 것이다. 우리가 말하는 원시적 향수성이란 그러한 모든 한정 이후의 향수의 가능근거를 말하는 것이다. 시인의 감정을 사로잡는 향수란 것은 흔히는 특정한 대상을 갖지 않은 이러한 막연하면서도 근원적인 성질을 가진 것이 아닐까?

　그러면 향수가 이와 같이 인간성의 "오리지날리티"를 이루는 것은 무슨 때문인가? 향수의 근원성이 인간이 자기의 생존을 이향적 생존으로 요해하는 데 있다면 인간의 이러한 존재요해를 가능케 하는 조건이 곧 향수의 근원성을 해명하는 관건이 될 것이다. 그런데 인간이 자기의 생존을 이향적 생존으로 요해할 수 있는 것은 그가 자기가 사는 장소 환경에 대하여 언제든 초월적으로 존재하는 존재이기 때문이다. 인간이 만일 동물과 같이 자기의 환경에 즉재(即在)하고 내재만 하여 있는 존재라면 그는 자기가 이 세상에 나와 있다는 의식이나 과거에 살던 고향을 떠나 있다는 의식이 생길 리가 없는 것이다. 그리고 인간이 자기의 환경을 초월하여 있을 수 있는 것은 그가 원래 자기 자신을 초월하여 있을 수 있는 존재이기 때문이다. 그에게 만일 청현재(請現在)의 자기를 "나"로 아는 동시에 또한 "남"으로도 아는 의식이 없다면 그는 현재의 환경을 "남"의 것으로 알고 과거의 환경을 "나"의 것으로 아는 재주도 있을 수 없는 것이 아닌가? 그러므로 인간에 있어서의 향수의 근원성은 그 근원을 따지고 보면 인간의 자기초월성에서 유래하는 것이다.

　그러나 이상에 말한 것은 말하자면 향수의 인간학적 근거는 될 망정 사회적 역사적 근거는 아니다. 한 사회 한 시대에 있어서의 향수가 범람하는 것 같은 현상은 단순한 "인간적 현상"으로만 볼 것이 아니고 동시에 "사회적 현상"으로 취급하지 않으면 안 된다. 그리고 한낱의 "사회적 현상"으로서의 향수의 근거는 그 시대 그 사회의 객관적 역사적인 제조건 제정세의 분석과 해명을 통하여서만 이해할 수 있는 것이다. 현대는 향수가 지나치게 범람하는 시대이다. 현대 인간의 심리적 공동(空洞)을 맺구는 운무(雲霧)는 각양각태의 향수이다. 서구에 있어서의 소위 "여행자의 문학" "도망 문학"이라는 것도 고향을 상실한 사람들의 향수를 그 근저에 지니고 있는 것이다. 아프리카의 사막이나 동양의 삼림을 찾는 사람들 속에서 우리가 단순한 "니힐리즘"을 발견한다면 그것은 인간심리의 양면을 보지 못하는 것이다. 저들의 "니힐리즘"은 현재의 자기들의 장소 구라파의 환경에 안주할 수 없는 데서 발생한 것이다. 다시 말하면 안주할 향토를 상실한 데서 생기는 심리의 공동이다. 그리고 안주할 향토를 잃은 사람들이 자기의 생활의 장소를 옮기는 것은 기실은 정신을 안주시킬 그 어떠한 막연한 마음의 향토에 대한 심정을 억제할 수 없기 때문이다. 그러므로 니힐리즘의 근저는 늘 억제할 수 없는 그 어떠한 향수가 싸고도는 것이다. 사태는 이곳에 있어서도 다를 것 없다. 이 땅 문학을 지배하는 "니힐"한 경향 이라

는 것도 현재를 떠나서 끊임없이 어떠한 옛것을 애상하고
새것을 모색하는 심리와 연관을 가진 것이다. 이러한 현대
심리의 제상(諸相)의 객관적 의의는 방금 말대로 현대사
회의 역사적 제조건과 연관하여 천명(闡明)되고 이해되지
않으면 안 될 것이다. 이곳에서는 현대 향수의 이러한 사
회적 근거를 논하는 것이 목적이 아니다. 따라서 이곳에서
는 문제의 그러한 측면에 촉급(觸及)할 필요가 없다. 그러
나 향수란 것이 인간 심리의 일종의 부재의식의 표현이라
면 현대를 싸고도는 향수의 범람은 곧 현대 사회의 제조
건 제정세가 현대 인간으로 하여금 일반적으로 자기장소
에 대하여 이심적(離心的)으로 생존하지 않으면 안 되도
록 마련되었다는 것을 표현하는 것이다. 그리고 인간의 이
심적 생존이란 일반적으로 한 사회의 관념적 기초를 이루
는 정신적 제풍속과 인간의 심정과의 간(間)에 어떠한 허
극(虛隙)이 있는 데서 생기는 것이라면 그것은 곧 그 사회
가 불안과 동요의 계단에 도달하였다는 것을 표지(標識)
하는 것이리다. 이곳에 중요한 문제가 있다.

Note

I have transcribed this essay from Sŏ Insik, "'향수'의 사회학" ("'Hyangsu'
ŭi sahoehak"; "Sociology of 'Nostalgia'"), 조광 (Chogwang; Morning Light),
vol. 6, no. 11, 1940, pp. 182–89.

엄호석

Ŏm Hosŏk (1912–75) was a socialist activist and literary critic. He was born in Hongwŏn in South Hamgyong Province. In 1929, in his third year at the Hamhŭng Normal School, he was identified as having connections with the Kwangju anti-Japanese student protests and was expelled. He went to Tokyo as an exchange student and studied mathematics, but he soon quit school and returned to Korea. In 1931, while he was working in the fishing industry, an association formed to reestablish the Hongwŏn Red Peasant Union, and he joined it. He worked on the standing committee and in the education or cultivation (교양; kyoyang) section of the union in the village of Chuik. Then he became the chairman of the Noha district, before getting arrested by the Japanese police. In January 1933, he was sentenced to three years in prison at the Hamhŭng regional court.

When he was released from prison, Ŏm went to Seoul and studied literary criticism. After the end of World War II, he served as the lead writer of Art (예술; Yesul), the journal of the Federation of Korean Literary Arts in Hamhŭng. He then became the vice chairman of the Hamgyŏng provincial committee of the North Korean Federation of Literary Arts. In 1947, he did work in Pyongyang connected to the publication of

Cultural Front (문화전선; *Munhwa chŏnsŏn*) and *Literary Arts* (문학 예술; *Munhak yesul*), organs of the federation. In the 1950s, he continued to write essays on culture and cultivation like the one included here, supporting the purging of Kim Il Sung's political and cultural rivals, including Im Hwa and Sŏ Insik. In the 1960s, he was the chairman of the criticism section of the Korean Writers' League. He became one of the most important critics involved in the construction of the personality cult of Kim Il Sung, writing hundreds of essays with titles such as "The Form of General Kim Il Sung in Korean Literature" ("조선문학에 나타난 김일성장군의 형성"; "Chosŏn munhak e nat'anan Kim Il Sung changgun ŭi hyŏngsŏng"; 1950) and "The Great Comrade Kim Il Sung's Thoughts on Correctly Uniting Socialist Content and National Form" ("사회주의적 내용과 민족적 형식을 옳게 결합할 데 대한 위대한 수령 김일성동지의 사상"; "Sahoejuŭijŏk naeyong kwa minjokchŏk hyŏngsik ŭl olk'e kyŏrhaphal te taehan widaehan suryŏng Kim Il Sung tongji ŭi sasang"; 1970).

문학 창작에 있어서의 전형성의 문제

《문학의 지향》 1954

1.

문학의 사회적 기능을 부정하게 위한 형식주의 미학의 모든 허위의 가장에도 불구하고 우리 문학의 사실주의 전통과 그 경험이 우리에게 주는 가장 명확한 결론의 하나는 문학 작품의 예술적 가치가 인민을 교양하는 데 얼마나 복무하고 있느냐 하는 그 정도에 의하여 측정되는 그것이다.

과거의 모든 사실주의 작가들은 인민의 교양 문제가 자기 창작과 연결되었을 때 비로소 위대하였으며 그 작품이 불후의 것으로 긴 역사적 시간을 뛰여넘어 후세에 전승되였다. 과거의 무수한 사실주의 작가들의 작품 속에는 자기 시대의 인민들의 처지의 인민들 앞에 나선 중요한 사회 문제가 반영되여 있을 뿐 아니라 그러한 인민들의 처지와 사회 문제에 대하여 내린 그들의 도덕적 판결로 말미암아 항상 인민들을 선량한 지향, 밝은 지혜, 적극적 의지 등 고상한 도덕적 품성으로 교양하는 정신으로 일관되여 있다. 이러한 작품들에서 작가가 도덕적 판결을 내린 그 문제가 그 시대의 인민들의 기분과 이해 관계를 많이 포괄하면 할수록 그 교양적 의의가 높을 것은 더 말할 필요도 없다. 이러한 작품은 자기 시대에 있어서만 인민들을 교양하는 것이 아니라 우리 시대에 있어서도 근로 인민들의 교양에 복무한다.

과거의 조선 문학에 있어서 신경향파의 창작은 기아와 무권리로 특징지어지는 일제 통치 하의 조선 인민들의 암담한 처지와 그 처지로부터 풀려나오기 위하여 제기된 절박한 사회 문제들에 대한 작가들의 열렬한 인도주의적 판결로 말미암아 조선 인민을 생활에 대한 용기와 밝은 미래에의 희망으로 교양하였으며 카프 시기에 와서는 이것이 더욱 명확하고 적극적인 성격을 띠고 조선 인민들의 모든 사회적 불행을 발생시킨 근원을 해명하며 그것으로부터 풀려나올 해방 투쟁의 사상으로 인민들을 교양하였다.

그러나 만일 과거의 조선 사실주의 문학이 자기 시대에 있어서만 인민들을 교양하고 우리 시대에 와서는 다만 일정한 역사적 시대를 연구하는 데 도움을 주는 그런 문헌의 의의밖에 가지지 않으며 우리 근로 인민들의 생활과 건설 사업에 대하여는 아무런 교양적 의의도 가지지 못하는 것이라면 그것은 우리 문학에 있어서 진정한 사실주의 전통으로 될 수 없을 것이다. 그러나 이런 문제는 제기하는 그 자체가 웃으운 일이 아닐 수 없다. 왜 그런가 하면 문학 작품은 그것이 사실주의적일수록 자기 시대의 생활에 있어서의 중심 문제의 어떤 면이든 반영하지 않을 수 없으며 그러한 중심 문제는 오늘의 우리에게서도 다대한 흥미를 끌며 인민들의 교양 문제에 풍부한 자료를 제공하기 때문이다.

신경향파와 카프가 창작한 우수한 사실주의 작품들은 과거 二○년 내지 三○년대의 조선 인민들의 생활과 투쟁의 진상을 생생한 화폭 속에 우리 앞에 보여줌으로써 당시의 우리 인민들의 생활과 투쟁에 대한 정화한 지식으로 우리를 무장시킬 뿐 아니라 또 당시의 우리 인민들이 자기의 해방 투쟁 과정에서 보여준 혁명적 기분과 애국주의 사상으로 오늘의 우리 근로 인민들의 투쟁을 고무하는 데 막대한 힘을 준다는 것을 의심할 바 없는 일이다.

이와같이 하여 과거의 모든 사실주의 문학의 우수한 작품들이 오늘에 있어서도 자기의 예술적 가치를 보존한다면 그것은 그 작품이 오늘의 근로 인민의 교양에 도움을 주고 있기 때문이다.

과거에 우수한 사실주의 문학이 우리 시대에 와서도 우리 인민에 대한 교양을 수행하는 것은 예술적 일반화의 힘이며 그 힘을 체현하면서 작품의 중심에 서있는 전형적 형상을 통하여서만 가능하다. 전형적 형상은 전형적 생활 현상의 예술적 표현, 즉 생활 현상 속에 있는 중요하고 본질적인 것의 인격화인바 그 속에는 작가가 선택한 중요한 사회 역사적 현상이 구체적이며 개성적인 형태로서 일반되여 있다. 독자들은 이러한 전형적 형상을 통하여 일정한 사회 력사적 현상에 대한 지식을 교양 받게 된다.

바로 그렇기 때문에 작가가 자기 작품으로 인민에 대한 교양을 수행하는 과정은 곧 자기 작품 속에서 전형적 형상을 창조하는 예술적 일반화의 과정과 일치한다.

과거 카프의 핵심적 작가들이 자기 시대의 가장 중요한 사회 역사적 현상으로서 조선 노동 계급의 혁명적 진출에 주목을 돌리고 거기에 의거하여 자기 창작을 이끌면서 긍정적 주인공의 전형적 형상을 창조한 것은 전혀 조선 로동 계급을 그 고귀한 혁명적 자질과 도덕적 품성으로 교양하는 데 그 목적이 있었다. 그들은 청소한 조선 근로 계급의 아들 딸들이 어떻게 일제 통치하의 무거운 멍에를 떠밀고 일어나서 혁명적 투쟁의 광명한 길로 들어서며 어떻게 계급적 원수들과 싸우면서 해방 투쟁의 선두에 서서 나아가는가 하는 전형적 과정을 일정한 개성 속에 일반화하면서, 다시 말하면 일정한 타이프 속에 전형화하면서 항상 자기의 고려의 중심을 근로 인민에게 대한 교양에 들렸다는 것은 당연한 일이다.

카프의 핵심적 작가들이 자기 창작 속에서 근로 인민을 교양하면서 주장한 것, 다시 말하면 작품 속에 부여한 작가 자신의 사상 그것은 무엇보다 청소한 조선 노동 계급의 혁명적 진출이 불러 일으키는 혈조 높은 청춘의 정열과 불굴의 의지, 원수에 대한 증오심과 승리에 대한 확고한 신심, 영웅적 희생 정신과 미래를 믿으며 생활을 사랑하는 밝고 명랑한 낙천주의 등으로 특징지여지는 새로운 도덕적 품성과 혁명적 자질이였다. 그들은 오늘의 우리 근로 계급의 고상한 품성과 자질로 발전된 이 모든 특징들을 그 당시 조선 인민들의 장래 발전에 있어서 가장 중요한 현상으로 간주하고 그것의 발전과 장성을 주장하고 지원하는 데 자기들의 붓을 인도한 빠포스로 하였으며, 그것을 위하여 그러한 새로운 조선 사람들의 고상한 특징을 자기 속에 체현한 긍정적 주인공에 창조를 임무로 하였다. 그리고 이 임무야말로 카프에 집결된 선진적 작가들을 한편으로 하고 자연주의 및 형식주의 기타 온갖 부르죠아 문학의 잡다한 퇴폐적 경향의 작가들을 다른 한편으로 하는 그 심각한 차이를 특징짓는 표식으로 되였다.

최근에 흉악한 미국 간첩으로 폭로된 임화, 이원조와 종파분자 이태준, 김남천 등은 과거 모든 부르죠아 반동 작가들과 함께 카프의 핵심 작가들과는 엄청나게 딴 길을 걸었다. 카프의 선진적 작가들이 근로 계급을 교양하는 데 도움을 주는 우수한 작품 가운데서 긍정적 주인공들의 그 씩씩하고 밝은 낙천주의적 성품을 묘사하였을 때 그들은 반대로 근로 계급의 자질 속에 패배와 절망의 암둔한 기분과 승리에 대한 신심의 포기와 생활에 대한 싫증과 같은 비특징적인 요소를 끌어들일 것을 시도하면서 우연적이며 개별적인 현상을 전형적 현상인 것처럼 가장하고 나섰던 것은 과거의 조선 문학에 대한 지식을 조금이라도 가진 독자들의 누구나 잘 아는 사실이다.

음흉한 미국 간첩으로 발로된 임화에게 있어서 과거 우리 근로 계급의 혁명적 투쟁은 숙명적인 패배로 판결된 그런 운명을 지닌 것으로 보였으며 여기에 투신한 투사들의 사업은 무의미하며 결국 무용한 희생으로만 끝나는 것으로 보였다. 그렇기 때문에 이 자는 근로 계급에 대하여 무기를 버릴 것을 설교하면서 비극적 말로를 걷는 <혁명 투사들>의 형상을 내세웠다. 그 가장 대표적인 실례를 우리는 <우리 오빠와 화로>에서 볼 수 있다. 이 작품에서 림화는 장성하는 조선 근로 계급의 혁명 투쟁에 있어서의 전형적 현상과 과정을 밝히기 위하여 지하에서 굴하지 않고 투쟁하는 혁명 투사의 진정한 면모를 내어놓는 대신에 일본 경찰에 체포되어 희생의 길을 의로

이 걸어가는 그러한 비특징적인 현상만을 일면적으로 내어놓음으로써 근로 계급의 숙명적인 패배의 사상을 전파하려고 시도하였다. <우리 오빠와 화로>는 의로이 체포되어 가는 혁명 투사의 뒤에 남은 깨여진 화로를 부여 안고 오빠의 후일을 슬퍼하는 외로운 누이의 설음으로 시작되며 또 그것으로 끝나고 있다. 뒤에 의로이 남은 깨여진 화로 그것은 화로의 주인인 혁명 투사의 운명에 대한 상징일 뿐 아니라 근로 계급의 장래 운명에 대한 임화의 결론으로 된다. 왜 그런가 하면 <우리 오빠의 화로>에 있어서의 혁명 투사의 형상은 전체 근로 계급의 운명에 일반화로 가장되여 있기 때문이다.

카프의 핵심 작가들이 자기 창작 속에서 혁명 투사들의 선진적 형상을 묘사함으로써 근로 청년들을 해방 투쟁의 사상과 의지로 교양하고 있을 때 이태준은 그와 반대로 그들을 해방 투쟁으로부터 떼여내며 일체의 사회적 문제에 대한 관심으로부터 주목을 딴데로 돌리기 위하여 색정 세계에서 광란하는 변태 정욕자들의 추잡한 형상을 시종 묘사하였으며 더우기 <밤길>에서는 생활로부터 유리된 노동자를 생활로 돌려 보내기 위하여 투쟁의 밝은 길로 인도할 대신에 절망의 밤길을 걷게 함으로써 조선 근로 계급의 운명에 대한 불길한 의곡을 감행하였다.

김남천은 <소년행>에서 생활을 배반하고 허무와 자포
자기의 진창으로 포락한 <사회주의자>의 타기할 형상을
내어놓고 마치 그것이 모든 사회주의자들의 운명인 것처
럼 왜곡함으로써 일제 시대의 우리 노동 계급의 투사들
을 비방하였다.

이 간략한 실례의 인증은 동시대의 카프의 핵심 작가
들이 조선 인민의 진정한 대표자들의 형상을 묘사하면서
조선 인민의 생활 속에서 가장 중요하고 본질적인 것, 따
라서 가장 전형적인 것인 근로 계급의 해방 투쟁을 지지하
고 나섰을 때 그와는 반대로 미국 간첩 임화를 비롯한 이
태준, 김남천 등은 그 해방 투쟁에 있어서의 우연적인 현
상들과, 심지어는 김남천에게서 보는 바와 같이 조선 인민
으로부터 저주와 증오를 받는 혁명에서의 변절한들의 형
상만을 일면적으로 묘사함으로써 조선 근로 계급의 해방
투쟁을 반대하여 나섰다는 것을 말하여 준다. 즉 그들은
조선 근로 계급의 생활과 해방 투쟁 속에서 중요하고 본질
적인 것을 그릴 대신에 반대로 비본질적인 것을 그리면서
그것을 마치 본질적인 것, 즉 전형적인 것처럼 가장하였다
는데 우리의 관심사가 있다.

부정적 현상과 인물을 묘사하는 것 자체를 부정하는 것
은 우둔한 일일 것이다. 혁명에서의 변절한의 형상도 그것

이 조선 인민으로부터 증오를 받는 만큼 더욱 예술적 작품에서 묘사할 가치가 있다. 이 경우에 과거의 선진 작가들은 조선 근로 계급의 투쟁을 지지하고 그것의 장래 발전을 지원하는 일정한 그리고 확고한 긍정적 이상과 주장을 가지고 이 임무를 수행하였다.

김남천이가 <소년행>에서 묘사한 변절한의 부정적 형상은 이상과 같은 선진 작가들의 부정적 현상에 대한 폭로와는 아무런 공통성도 없다. 이들은 자기들이 그린 부정적 현상과 대립되는 긍정적 현상에 대한 어떠한 리면의 긍정적 주장도 이상도 없이 변절한들의 부정적 형상을 그렸다는 것은 그 추구한 목적이 그러한 변절한들을 조선 근로 계급의 혁명적 투쟁에서 전형적인 현상인 것처럼 내세우는 데 있었다는 것을 말한다. 이면의 긍정적 이상과 주장이 없이 조선 근로 계급의 투쟁 과정에서 일어나는 우연적이며 개별적인 현상을 일면적으로 절대화하며 그것을 전형적인 형상으로 꾸며 올리려는 지향은 천박한 자연주의적 경향이며 그 반동적 목적은 현실과 진실을 의곡하여 대중의 의식을 마비시키는 데 있다.

작가에게 있어서는 복잡한 생활 현상들 가운데서 무엇을 전형적인 것으로 간주하며 무엇을 긍정하고 그 반면에 무엇을 부정하는가에 의하여 그 입장과 경향성이 규정된다. 즉 생활 속에서 어떤 현상이 사회적으로 중요하며 사회 발전의 추동력으로 되는가에 주목을 돌리고 그것을 의식적으로 주장하며 강조하는 데 작가들의 경향성과 당성이 표현된다.

바로 그렇기 때문에 말렌꼬브는 소련 공산당 제 一九차 당 대회에서 전형적인 것 그것은 당성이 발로되는 기본 분야라고 지적하였다. 우리의 선진 당이 전형성의 문제에 대하여 주목을 돌렸다는 사실은 전형성의 문제가 작가들이 인민을 교양함에 있어서 얼마나 중요한 당적 과업으로 되는가를 증시한다.

2.

전형성의 문제는 미학 문제에 있어서 가장 복잡하고 중요한 문제 가운데 하나다.

종래에 어떤 사람들은 전형성에 대하여 다만 가장 널리 생활 속에 보급되어 있으며 자주 반복 되며 생활에서 충분히 검증된 일반적인 현상으로 국한시켰다. 그러나 만일 전형적인 것을 생활에 널리 보급된 일반적인 것으로 인정한다면 널리 보급되지 않은 개별적인 소수의 현상이라도 그것이 일정한 사회적 역사적 역량의 본질을 표현하며 어떤 사회 역사적 과정을 가장 예리하게 해명하는 그런 특징

을 표시한다면 그것을 전형적이라고 할 수 없겠는가 하는
문제가 제기된다. 맑스—레닌주의 미학은 이 문제에 대하
여 정확한 해답을 주고 있다. 즉 게로르기 말렌코프는 소
련 공산당 제 一九차 당 대회에서의 자기 보고에서 다음
과 같이 말하였다.

> 맑스—레닌주의적 인식에 있어서 전형적이란 것은 결코
> 어떤 통계적 평균성을 의미하는 것이 아니다. 전형성이
> 란 것은 그 당시 사회 역사적 현상의 본질에 합치되는
> 것이며 단순히 가장 많이 보급되어 있으며 자주 반복되
> 며 일상적으로 일어나는 현상을 말하는 것은 아니다.

이에 대한 실례는 <춘향전>의 부 주인공인 이몽룡의 형
상이 잘 보여주고 있다.

이몽룡의 형상은 이조 봉건 통치 사회에 있어서 자주 있
거나 널리 보급된 그런 일반적인 현상이 아니다. 그와 반대
로 허위와 악덕이 지배하는 봉건 통치 계급의 환경속에서
이몽룡의 형상은 개별적이며 예외적인 존재로 된다. 이몽
룡이 자기를 기르고 교양한 바로 그 환경인 봉건통치 계
급과 충돌하며 그것을 부수고 나오려 하며 양반과 인민을
갈라놓는 신분제도에 대하여 반감을 품는 그런 사실은 희
귀하며 자주 일어나지 않은 특수한 현상이 아닐 수 없다.

그럼에도 불구하고 우리가 이몽룡을 전형적 형상이라고 부를 수 있는 까닭은 어데 있는가. 서민의 딸과의 정분으로 말미암아 자기의 환경과 충돌하는 이몽룡은 다만 "양반 가문에 난 난봉꾼"이라는데 그칠 수가 없다. 이몽룡과 그의 환경과의 충돌은 부패한 봉건 양반 통치 제도의 와해 과정의 징조를 예리하게 표현할 뿐 아니라 이몽룡과 같은 형상의 출현, 그 자체가 벌써 양반 통치 계급과 인민과의 모순을 명료하게 표현하고 있다. 한마디로 말하면 이몽룡의 형상은 봉건 양반 통치제도의 와해 과정을 가장 본질적으로 드러내고 있다고 말할 수 있다. 바로 이러한 사실이 자기 환경에 있어서 예외적인 이몽룡의 형성을 그것이 개별적이며 특수적인 경우임에도 불구하고 전형적인 것으로 되게 하였다.

이러한 사정은 개별적인 현상이라 하여 그것이 모두 비전형적인 것이 아니라 생활에는 아무런 사회적 과정의 본질을 드러내지 못하는 개별적 현상이 있는 반면에 그것을 아주 완전하게 드러내는 그런 개별적 현상도 있다는 것을 말하여 준다. 바로 이몽룡과 같은 인물들이 그런 개별적 현상을 대표한다. 그들은 비록 그 수에 있어서 회소하지만 봉건 통치 계급의 와해 과정을 표현함으로써 극히 전형적인 형상으로 된다는 것은 우에서 말한 바와 같다. 그러나 이와 반대로 혁명에서의 변절한들의 형상에 대한 묘사에 있어서는 그렇게 말할 수 없다. 혁명에서의 변절은 발전하여 가는 혁명의 전모에 있어서 역시 개별적 현상임에 틀림없다. 그러나 이 개별적 그 현상은 그 자체에 대한 일면적 묘사로서는 혁명적 투쟁의 본질적 과정, 즉 앞으로 더욱 장성하여 가는 혁명 투쟁의 발전 과정을 해명하여 주는 것이 아니라 반대로 혁명 투쟁을 와해 과정으로 의곡하는 것이기 때문에 전형적 현상으로 될 수 없으며 또 그만큼 그것은 문학상 현상으로서는 사실주의적이 아니라 자연주의적이라고 말하지 않을 수 없다. 김남천에게 있어서의 상술한 작품의 실례가 바로 그러하다. 이러한 개별적 현상이 전형적으로 될 수 있는 것은 다만 혁명 투쟁의 승리적인 발전 과정을 해명하기 위하여 선택된 긍정적인 현상의 묘사에 복무하거나 그렇지 않으면 혁명적 투쟁을 지지하는 작가의 이상의 햇볕 밑에 폭로되는 그런 때만이다. 즉 긍정적 형상을 강조하며 주장하기 위하여 그에 대립하는 부정적 인물로 갈등 속에 설정되며 또는 긍정적 의미에 있어서의 풍자의 자료로 묘사되는 조건에서만이 그것은 사실주의적 묘사의 대상으로 될 수 있다. 이것을 요컨대 이몽룡의 계급적 배반과 혁명에서의 변절은 모두 일반적인 현상이 아니라 개별적인 현상인데는 동일하지만 전자는 몰락하는 세력으로서의 봉건 지배 계급의 본질에 일치되며 그것을 또 가장 잘 발로시키기 때문에 전형적인 현상으로 되는 반면에 후자에 있어서는 그것이 앞으로 발전하는 세력으로서의 선진 노동 계급의 본질에 일치하지 않기 때문에 그 자체의 일면적 묘사로서만은 어떠한 전형적 현상으로도 될 수 없다는 것을 알 수 있다. 여기에서 우리는 매개 현상을 다른 현상과의 관련 속에서가 아니라 고립적으로 묘사하는 데서 생기는 자연주의적 의곡의 실례를 더욱 명백히 볼 수 있다. 이몽룡과 같이 과거한 의의를 가진다. 종래의 어떤 사람들의 전형성에 대한 논의는 다만 보급된 전형과 우리 시대의 새로운 전형에 국한되였다. 사회적 악덕과 추악한 것이 지배적이던 과거의 사회에 있어서 보급된 전형, 그것은 변학도와 같은 인물이 대표하였으며 비판적 리얼리즘에 있어서 가장 많이 등장하였는 바 그것은 추악한 것이 지배한 낡은 제도를 비판하기 위한 작가의 목적에 복무하였다. 이와 반면에 지배 계급의 인물로서 자기의 계급적 환경을 배반하고 나온 그런 인물도 있다. 러시아 문학에서 레브 · 똘쓰또이의 안나 · 까레니나 (동명의 장편), 레르몬또브의 뻬쵸린 (우리 시대의 영웅)이나 조선 문학에 있어서 이몽룡과 같은 형상들이 이를 대표한다. 이런 형상들을 고리끼는 "통치 계급의 방탕한 자식들," "흰 가마귀" 혹은 자기 계급에 "외면하고 나선" 사람들로 불렀다. 이 형상들은 만일 가장 많이 보급된 현상만을 전형적인 것이라는 종래의 어떤 사람들의 견지로 볼 때에는 비전형적으로 되지 않을 수 없다. 그러나 이 형상들은 비록 자기 시대에 있어서 예외적이며 보급되지 않았다 하더라도 통치 계급의 본질, 그 와해 과정의 필연성을 가장 예리하게 표현함으로써 충분히 전형적 현상으로 된다.

이몽룡의 실례에서 보는 바와 같은 보급되지 않는 전형, 즉 "비보편적"인 전형을 우리 시대의 새로운 전형과 혼동하지 말며 그것을 구별하는 것은 전형성의 문제에 대한 이해를 위하여 아주 중요하다.

새로운 전형도 사회에 아직 보급되지 않았으며 자주 반복되지 않은 전형임에는 틀림 없다. 그러나 "비보편적"인 전형이 낡은 시대에 있어서 지배 계급 자체의 모순으로부터 빚어져 나온 전형으로서 낡은 제도를 폭로한 비판적 사실주의에서 발전된 것이라면 새로운 전형은 새 사회를 위한 인민들의 투쟁과 건설 속에서 배태됨으로써 사회주의 리얼리즘에서 발전한 새로운 인간들이 대표한다. 새것과 그 발전에 대한 주장과 지지는 사회주의 리얼리즘에 입각한 선신 작가들의 가장 중요한 임무의 하나로 된다. 그들은 현재에는 우세하며 공고한 것 같이 보이지만 이미 노쇠하여 가며 사멸하여 가는 그런 역량을 폭로하면서 그속으로부터 탄생하며 발전하는 새 역량과 그 성장을 주장하는 것을 자기의 창작 목적으로 한다. 바로 카프의 핵심적 작가들이 그러하였다. 카프의 핵심적 작가들은 자기들이 처한 일제 통치 사회가 아무리 공고하게 보여도 이미 역사적으로 경과하면서 노쇠하여 가는 것으로 판결하고 그 사멸을 촉진하기 위하여 일제 통치 제도를 폭로하면서 그 속에서 싹트는 새것, 즉 근로 계급의 혁명적 투사를 자기들의 긍정적 주인공으로 내세우고 묘사하였다. 그리고 이 혁명 투사들의 긍정적 주인공을 통하여 그들은 자기 시대를 교양하였다. 그 교양의 의의는 무엇보다 새 전형, 즉 혁명투사들이 사회적으로 보급된 전형으로 되게 하는 거기에 있었다. 즉 그들이 혁명적 투사들을 조선 인민의 대표자로 또는 모범으로 묘사하면서 지향한 것은 조선 인민의 훌륭한 아들 딸들을 혁명적 투쟁으로 고무함으로써 조선 근로 계급의 혁명적 투쟁의 발전을 촉진하는 바로 그것이였다. 일제 시대의 새 전형, 즉 혁명적 투사들이 보급된 전형으로 완전히 전변되기 위하여서는 사회의 근본적 변혁이 필요하다. 그것은 八 · 一五 해방에 의하여 실현되였다.

해방은 과거의 일제 시대에 소수를 차지하는 일반적이 아니던 새 인간의 전형을 일반적이며 군중적이며 사회에 널리 보급된 보편적 전형으로 전환시켰다. 우리 사회의 노동자, 선진 농민, 민청원들이 모두 그러한 새 시대의 영웅들이며 문학에 등장한 긍정적 주인공들이다. 오늘 우리 작가들의 임무는 우리 사회에 널리 보급된 이러한 고상한 정신적 자질과 긍정적 특징들을 포착하여 일반 사람들의 모범으로 되며 모방의 대상으로 될 수 있는 그런 가치 있는 예술적 형상을 창조하는 데 있다. 그러나 이러한 고상한 자질과 긍정적 특징은 우리 사회에 있어서는 벌써 보통 사람들의 면모를 형성하는 일반적이며 널리 전파된 그런 요소들로 되였다. 우리 인민은 해방후 근 九년 동안의 기간에 걸쳐 당과 국가로부터 고상한 품성의 인간으로 교양 되였으며 더우기 三년 동안의 조국 해방 전쟁을 통하여 사상적으로나 도덕적으로 더욱 우월한 자질의 인간으로 단련되였다. 조국 해방 전쟁의 가혹한 시련과 그 승리는 매개의 보통 조선 사람을 영웅적 성격으로 단련시켰으며 조선 사람이란 말은 세계의 모든 사람들에게 자랑스럽게 울리고 있다. 조국 해방 전쟁 행정에서 발휘한 조선 인민들의 고상한 영웅적 품성이 전후 복구 건설의 위업에서 표현되도록 그것을 발전시키는 것은 우리 작가들의 중요한 당면 임무로 나서고 있다.

보통 사람들이 가지고 있는 고상한 특징들을 한 사람의 산 개성 속에 일반화한 형상, 그것은 바로 보급된 전형, 보편적 전형에 속한다. 우리가 만일 전형적이란 것이 통계적 평균성으로서 표현되는 것을 의미하는 것이 아니라 하여 이러한 보편적 전형을 전형의 범주로부터 제외한다면 그것처럼 우려한 일은 없을 것이다. 맑스—레닌주의는 전형적인 것을 일정한 사회 역사적 현상의 본질을 표현하는 것이라고 가르치면서 결코 사회에 널리 보급되고 자주 번복되는 현상을 제외하지 않았다. 왜 그런가 하면 널리 보급되고 자주 번복되는 현상은 일정한 사회 역사적 현상의 본질을 표현함으로써 전형적인 것으로 볼 수 있을뿐 아니라 오늘에 있어서 널리 보급되었다는 사실 그 자체가 새로운 전형적 현상의 발전의 결과이며 따라서 새 전형의 보급된 보편적 전형에의 전환을 의미하기 때문이다.

보급된 전형, 보편적 전형의 창조는 우리 시대를 교양함에 있어서 뿐 아니라 우리 시대의 보통 사람들의 성격을 통하여 새로운 우리 사회 제도가 인간의 개성과 재능 자질과 품성의 발전에 있어서 얼마나 유리한 환경으로서 복무하고 있는가 하는 그런 우리 제도의 우월성을 해명함으로써 후대를 교양함에 있어서도 중요한 의의를 가지고 있다.

착취에 근거한 낡은 사회 제도는 모든 보통 사람들의 개성과 재능, 자질과 품성을 발전시키는 대신에 그것들을 파괴하며 나아가서는 불구로 만드는 그런 악독한 환경으로 된다. 이러한 환경은 보통사람들의 매개의 운명과 심각하게 충돌하며 그 결과는 개인의 비극적 종말로 끝나는 그러한 현상이 일반적이며 자주 반복된다. 과거의 비판적 리얼리즘이 자기 시대를 반영하면서 보여준 전형적 현상은 바로 이러하며 이것을 통하여 그들은 자기 시대를 비판하였으며 오늘의 우리에게 그 시대의 생활에 대한 정확한 지식을 배워주고 있다.

그러나 보편적인 전형이라 하여 그것을 평범한 인간들의 단순한 총화와 같이 간주한다면 그것도 잘못이다. 발전하는 사회에서 보편적인 현상은 항상 새 현상의 발전의 결과이며 어떤 낙후한 수준의 평범한 현상을 말하거나 또는 반드시 다수를 말하는 것은 아니다.

낙후하고 다수를 차지한 진부한 것에 대한 묘사를 지향하면서 새것과 그것의 발전에 대한 묘사를 반대하여 나서는 것은 바로 자연주의 작가들의 기본 임무로 된다. 자연주의 작가들에 있어서는 작품의 형상이 진부하고 가장 평범할쑤록 "전형적"이라고 하며 그렇기 때문에 다만 한 작가가 자기 창작을 위하여서는 관찰 행정에서 만나는 첫 사람을 묘사하면 충분하며 이야기를 고안할 필요가 없다고 주장하고 나선다. 또 묘사된 그 첫 사람이 진부하고 골

목에서 자주 만나게 되는 그런 인물일수록 그들에게 있어서 전형성의 표준으로 되는 통계적 평균성에 가까워진다고 주장함으로써 모든 영웅적이며 긍정적인 특징의 묘사를 거부하고 나선다.

해방 직후의 농민들 가운데는 아직 봉건적 유습과 낡은 사회의 심정을 가진 사람들이 그 다수를 차지하였다. 해방 직후의 청소한 우리 문학에 있어서 농촌을 반영한 어떤 작품들은 농민들을 묘사하면서 농촌에서 다수를 차지하는 이런 평범한 농민들을 통계적 평균성의 견해 밑에 묘사함으로써 슬기 없고 우매한 인간으로 만든 자연주의적 경향이 나타났다.

고리끼는 현대의 주인공들을 어떻게 묘사할 것인가 하는 질문에 대하여 다음과 같이 말하였다.

현실 속에 살아 있는 우리의 영웅들 즉 사회주의 문화를 건설하고 있는 인간은 우리의 중편이나 장편의 주인공들보다 훨씬 고상하고 위대하다. 문학에서는 그들을 반드시 더 한층 위대하고 명료하게 묘사하여야 한다. 이는 생활의 요구일 뿐 아니라 모름지기 가설적으로 사고하여야 하는 사회주의 리얼리즘의 요구인바 가설—추측은 과장—과대의 친자매로 된다.

농민을 묘사함에 있어서 선진 농민에게 주목을 돌리는 대신 전형성에 대한 낡은 견해로 말미암아 다수를 차지하는 평균적 수준의 인간을 선택하기 위하여 용렬하고 낙후한 농민을 주인공으로 택하며 또 그만큼 우리 농민의 선진적 면모를 명료하게 밝히기 위한 아무런 예술적 일반화와 과장도 없은 결과 작품에서 우매한 성격으로 저하시킨 우리 문학 초기의 실정에 이 고리끼의 말은 아주 적절할 뿐 아니라 오늘의 실정에 있어서도 타당하다. 그것은 오늘도 우리 문학은 현실에서 낙후하고 있으며 그 주인공들은 일부 작품에서 보는 바와 같이 현실의 주인공들보다 빈약하게 밖에 그려져 있지 않기 때문이다.

문학의 주인공이 현실의 주인공보다 빈약하게 묘사되는 것은 작가들이 생활 자료를 깊이 연구하고 그것을 미학적으로 재구성하지 않기 때문이다. 생활 자료의 미학적 재구성, 그것은 생활 자료의 선택에 의한 특징적인 것들의 예술적 일반화를 말하는 바 그러한 예술적 일반화 자체는 형상에 대한 의식적 과장으로 나타난다. 이러한 생활 자료의 예술적 일반화, 즉 형상의 과장은 작가의 대담한 상상력에 의한 추측과 고안으로써 진행된다. 이것을 한 마디로 말하면 생활에서 영감을 받으면서 일정한 빠포쓰에 휩싸여 감동되는 작가의 산 넋으로 형상을 과장하여서만이 예술적 문학 작품을 창조할 수 있다. 주인공을 진실답게 살 수 있는 그 면모대로 훌륭하게 묘사하기 위하여서는 선택된 자료의 과장이 필요하다. 과장이 없이는 진실한 예술도 없으며 과장법을 무시하고는 어떠한 사실주의에 대하여서도 말할 수 없다. 뿐만 아니라 과장이 없는 곳에서 전형도 창조될 수 없다. 전형화에 있어서 과장의 역할은 무엇보다 특징적인 것의 선택과 그 일반화에서 나타난다. 진실한 예술가의 넋으로 그려진 초상화가 그 실재 인물의 정확한 재생인 사진보다 더 근사한 것은 그 인물의 내부에 숨어 있는 은밀한 특징까지 그 얼굴에 표현하며 그것을 과장함으로써 그 인물을 전형으로 끌어 올리기 때문이다.

만일 극중 인물들의 분장, 동작, 대사를 일상 생활에서 볼 수 있다면 그 때 사람들은 그들을 미친 사람으로 취급할 것이 틀림 없다. 그러나 반대로 만일 극중 인물들이 자기의 분장, 동작, 대사를 일상 생활에서 사람들이 하듯이 정확히 무대에서 재현시킨다면 관객들은 하품을 하고 돌아 앉을 것도 틀림 없다. 극중 인물들이 관객의 공감과 감흥을 자아낼 수 있을만큼 진실다워 보이는 것은 과장법에 의하여 자기의 동작을 과대하게 또는 격렬하게 하며 자기 분장과 대사를 강조함으로써 관객들의 머리에 예술적 이메지를 만들어내기 때문이다.

바로 그렇기 때문에 생활에 있어서 사실성과 진실성은 아주 딴 것이다. 작가가 만일 생활의 사실성에만 노예적으로 충실하여 그것을 아무리 정교한 수완으로 사진찍듯이 재생한다 하더라도 그러한 "기록"은 생활의 어떤한 조각에 대한 개별적이며 유일적인 화폭에 불과하며 다른 유사한 현상들을 연상케 하는 어떤 일반적 공통성 즉 동생적인 많은 현상 속에 있는 본질적인 것을 내포하지 않기 때문에 오히려 묘사된 사실 자체에 근사하지 않다. 다만 그러한 생활 사실을 묘사하면서 그 속에 있는 특징적인 것을 밝히며 그것을 과장하기 위하여 불필요한 부분들을 제거하고 필요한 부분을 자기의 과거의 체험에 근거하여 고안하면서 발랄한 환상으로 가공하는 때만이 작가는 그 생활 사실에 가장 근사한 화폭 즉 생활의 진실을 포착해 낼 수 있다. 실재 인물을 "사실 있는 그대로" 복제한 사진보다는 그 인물을 이상과 같은 허구로써 하나의 전형으로 완성하기 위하여 미학적으로 개조하여 묘사한 과장된 형상이 그 진실성으로 말미암아 그 자체에 더 방불한 법이다. 진정한 작가란 생활 현상을 기록하는 것이 아니라 힘차고 대담한 창조적 환상과 고안으로써 현실의 본질을 표현하며 주인공의 성격을 가장 잘 해명하는 특징들을 타이프 속에 인격화함으로써 전형을 만들어 낼 줄 아는 예술적 수완가를

말한다. 허구, 그것은 생활의 진실과 모순되지 않을 뿐 아
니라 그것을 더욱 선명한 것으로 강조한다.

Note

I have transcribed this essay from Ŏm Hosŏk, "문학 창작에 있어서의
전형성의 문제" ("Munhak ch'angjak e issŏsŏ ŭi chŏnhyŏngsŏng ŭi munje";
"The Problem of Typicality in Literary Composition"), 문학의 지향 (*Munhak ŭi chihyang; The Aims of Literature*), edited by An Hamgwang, Chosŏn
Chakka Tongmaeng, 1954, pp. 128–43.

최재서

Ch'oe Chaesŏ (1908–64) was born in Haeju in Hwanghae Province. He graduated from Kyŏngsŏng Normal School number 2 in 1926 and entered Kyŏngsŏng Imperial University (now Seoul National University). He received degrees in art and English literature and completed graduate school while lecturing in the Faculty of Law and Literature. He traveled to London to study. Upon his return to Korea, he taught at Posŏng College (now Korea University) and the law school of Kyŏngsŏng Imperial University. In 1937, he founded the journal *Humanities Society* (인문사; *Inmunsa*) and the next year published a book of criticism, *Literature and Intellect* (문학과 지성; *Munhak kwa chisŏng*). From 1939 to 1941, he was the editor and publisher of *Humanities Critique* (인문평론; *Inmun p'yŏngnon*).

Ch'oe made his debut as a critic in the journal *Emergent* (신흥; *Sinhŭng*) in 1931, introducing the work of the English literary scholar A. C. Bradley. In the 1930s, he published many articles in *The Chosun Ilbo* (조선일보; *Chosŏn ilbo*) and *The Dong-a Ilbo* (동아일보; *Tonga ilbo*) on a range of topics, including tendencies in contemporary American and English literature, intellectual literature, criticism and science, the realism of modernist works, and the Korean literary establishment. After the beginning of the Second Sino-Japanese War in 1937, he collaborated enthusiastically with the Japanese Empire. In 1939, he proposed to form a group of writers who would provide support to the imperial army and was active in the election of the group's members. Later that year he wrote a record of the proceedings of a farewell ceremony for the imperial army. In 1940, he gave lectures on Japanese patriotism and the literary arts all around Korea. In 1941, he changed the name of *Humanities Critique* to *National Literature* (国民文学; *Kokumin bungaku*) and began publishing it mostly in Japanese. His major book-length work of this period was *Korean Literature in a Time of Transition* (転換期の朝鮮文学; *Tenkanki no Chōsen bungaku*; 1943), an excerpt of which is included here. On the brink of liberation in June 1945, he helped to found the Korean Press Patriots' Association and continued his active support of Japan until the end of the war.

Particularly after the establishment of the Republic of Korea in 1948, Ch'oe's nationalism shifted to Korea and the US war against communism. He helped to organize a rally of national cultural figures at Sigon'gwan Theater in December of that year. However, in 1949, he was imprisoned under the Punishment Law for Antinational Activities; the indictment was withdrawn because of a statute of limitations. He went on to teach at Yonsei University, from 1949 to 1960; Dongguk University, from 1960 to 1961; and Hanyang University, until his death in 1964. During his career as a professor, he was central to the establishment of English literary studies in South Korea, publishing many works on the history of literary criticism as well as translations of the works of Shakespeare and other English writers. His many books include *The MacArthur*

Sensation (매카-더 선풍; *Maek'a-dŏ sŏnp'ung;* 1951), *Introduction to Literature* (문학개론; *Munhak kaeron;* 1957), *History of English Literature* (영문학사; *Yŏngmunhaksa;* 1959–60), *Collected Criticism of Ch'oe Chaesŏ* (최재서평론집; *Ch'oe Chaesŏ p'yŏngnonjip;* 1961), *On Cultivation* (교양론; *Kyoyangnon;* 1963), and *Shakespeare's Art as Order of Life* (셰익스피어 예술론; *Syeiksŭp'iŏ yesullon;* 1963; English translation, 1965).

교양의 정신

《인문평론》1939년 11월

교양(教養)은 궁극에 있어서 개성(個性)에 관계되는 문제이다. 이 경우에 개성이란 일종의 처녀지라고 생각하는 것이 편리하다. 처녀지를 개간하고 씨를 뿌리고 거름을 주고 제초를 하고 하여 꽃을 피우고 열매를 맺게 하는 개발과 경작(耕作)의 과정이 즉 교양이다. 그러기에 영어에선 개발이나 경작이나를 매한가지로 '칼츄어'라고 부른다.

교양에 있어서 씨가 되고 거름이 되는 것은 문화와 사회적 자극이다. 개성은 문화를 호흡하여 자기의 숨은 제능력을 개발하고 발달시키는 데서 교양은 형성된다. 그렇기 때문에 교양의 정신은 우선 고독(孤獨)의 정신이다. 왜 그러냐 하면 교양의 결실이요 또 종자인 문화는 사회적일런지 모르나 그것을 개성 내부에서 개발시키고 배양하는 데에는 착실히 오랜 동안의 고독의 시기가 필요하다.

괴테는 일찌기

　재능은 고독 속에서 길러지고

　성격은 세유(世流)의 대하 속에서 형성된다.

고 하였는데 이 시에서 재능의 양성이란 두말할 것도 없이
교양이다. 따라서 교양은 집단적 생활과는 양립되지 않는
성질을 가지고 있다. 인간이 사회적 성격으로서 혹종 집단
적 생활에 참가하지 않을 수 없음은 당연한 일이나 그러
나 집단적 생활 속에선 교양은 얻을 수 없다. 교양은 혼자
물러앉아서 독서하고 사색하고 심적으로 분투하는 사적
시간을 요하기 때문이다. 따라서 청소년의 교양과 집단적
생활을 어떻게 조화시킬까 하는 것이 오늘 문명국가에 공
통된 번민이다. 집단적 생활이 청소년으로부터 사적 시간
을 완전히 빼았을 만큼 왕성할 때에 교양은 꾀할 수 없으
니, 토마스 만의 연설의 다음 일절은 이상과 같은 독일의
현상을 말하는 것이다. "현대의 근본적인 문제는 무엇이냐
하면 고상하고 심원한 의미에 있어서의 극기와 개인적 책
임과 그리고 개인적 분투(奮鬪)라는 의미에 있어서의 교양
에 대하여 아무것도 모르고, 그 대신 집단적 생활 가운데
에서 일신의 안심을 얻고자 하는 점이다."

　교양이 이와 같이 개인적인 문제라 해서 그것을 개인주
의적이라고 생각해선 큰 잘못이다. 개인주의와 교양은 문
제의 존재가 수준을 달리하는 것이니 비교가 되지 않고

만일 교양과 연결하여 생각할 것이 있다면 그것은 휴머니즘이 될 것이다. 휴머니즘이 그 근저에 있어서 인간적 가치의 옹호와 증진이라면 그것은 개인적 교양 없이는 성립되지 않을 것이다.

교양의 정신이 고독의 정신이라면 그것은 또 어느 정도까지 초월의 정신이다. 교양이 사회적 자극에 발단되는 동시에 그것을 내면에 있어서 비밀히 소화하는 과정이 필요하다면 그것은 현실 생활에 대하여 어느 정도의 초월적 태도를 취하여야 할 것은 당연한 일이다. 현실 생활 안에 처하면서도 실리 관념을 떠나지 않고서는 교양은 있을 수 없다. 가령 고전을 읽는다 하더라도 그것이 시험 준비라는 실리적 목적을 위한 것이라면 그것은 참된 의미에 있어서 교양이 될 수는 없다. 그 교양은 문화를 수단으로서가 아니라 목적 그 자체로서 추구할 때에만 가능한 것이다.

그렇기 때문에 사회 전체가 어떤 실리적 목적을 위하여 광분하는 시대에 개인의 교양이라는 것은 어느 정도까지 지지되지 않을 수 없다. 가령 일례를 든다면 산업혁명시대(産業革命時代)의 유럽, 특히 一九세기 후반의 영국 사회와 같은 것이다. 사회 전체가 진리를 사랑치 아니하고 정신적 가치를 돌아보지 않고 다만 물질적 이득만을 위하여 광분하던 당시에 있어 교양은 흙에 파묻히고 말았었다.

아널드의 유명한 교양론이 씌어진 것은 이러한 시대에 있어서이다. 학리보다는 습관과 선례에 의하여 처리하려 하고, 이상보다는 편의주의적 임기응변에 의하여 처세하려 하고 진리와 미보다는 세속적 성공과 물질적 이득을 취하려는 영국인의 특성을 그는 "필리스티니즘" 속물주의(俗物主義)이라 하여, 그에 대립되는 청징굉활(淸澄宏闊) 고매한 희랍 정신을 고취하였었다.

그렇다고 교양이 사회적으로 전연 무용하다는 것은 아니다. 다만 실리관념에만 지배되어선 교양은 이루어지지 않는달 뿐이다. 교양의 목표는 인간성의 자유롭고 조화로운 발달에 있기 때문에 그것을 사회적으로 어떻게 유용화(有用化)하느냐 하는 것은 별문제이다.

직업적 교육과 인문적 교육이 문제되는 것은 이 점에 있어서이다. 제이 국민으로서 일찍부터 연소자에게 직업적 훈련을 주어서 그들이 학교를 나오자마자 곧 유능한 사회인으로서 활동할 기초를 만들어 준다는 것은 국가의 의무다. 그러나 연소자의 교육이 오로지 직업적 견지에서만 실시된다면 그것은 국민적 성격의 원만한 발달을 위하여 퍽 우려할 문제라 하겠다. 능력의 대부분을 압살하고 일부분의 특수 기능만을 불구적으로 발달시킨 기계적 인간은 결코 건전한 국민이라곤 할 수 없기 때문이다.

교양은 끝까지 개성의 원만한 발달을 위주로 하기 때문에 재능 개발에 있어 편파됨을 기피한다. 소위 교양인과 전문가는 현대와 같이 사회적 분화가 극도로 발달된 사회에 있어선 양립되지 않는 두 개념이다. 전문가란 세밀한 일부분에 있어서만 특수 기능(技能)이 발달한 사람이니 그는 인간 전체로 본다면 한 기계에 불과한 것이다. 그러나 교양은 이러한 인간 기계화에 대하여 엄숙한 거부의 태도를 취한다. 그것은 인간이 인간으로서 조화된 발달을 하도록 문화 각 부문에 대하여 터치하게 된다. 따라서 그것은 일반적이 아니 될 수 없다. 그러나 일반적으로서 충분하다. 인간 생활의 근본적인 문제들은 결코 전문가들의 개개의 분석이나 연구에 의하여 해결되는 것이 아니라 전체를 개관할 수 있고 또 전반적인 정세에 대하여 편파하지 않은 판단을 나림으로써 해결된다.

전문적 교육과 일반적 교양을 어떻게 양립시킬까 하는 것이 현대의 가장 중요한 문제이다. 사실 자기의 전문적인 분야에 있어선 세계적 권위를 가진 학자이면서도 일반적인 (즉 근본적인) 인생 문제에 대하여선 영 어린애밖에 안되는 사람의 실례를 우리는 얼마든지 지적할 수가 있다. 사실 금일의 문명을 그 최후적인 파멸에서 구하려면 전문가들에게 일반적 교양을 철저시키는 외에 없다는 휴머니

스트들의 부르짖음 가운데엔 너무도 절실한 진리가 포함
되어 있다.

인문적 교육과 과학적 교육이 문제가 되는 것은 이 점
에 있어서다. 언어, 고전, 역사, 윤리, 철학 등의 인문학과
는 고래로 교양을 목표로 하는 학과였다. 오늘 학교에서
수업되는 자연과학 방면의 제학과가 교양을 위주로 하는
것이냐 또는 전문적 훈련을 위주하는 것이냐 하는 데엔 많
은 문제가 있다. 적어도 이 문제가 가장 치열하게 문제 되
든 유롭의 十八세기 말에 비하면 과학적 교육이 퍽 교양
화된 것은 사실이지만 그것이 인문적 견지로 보아 아직도
충분히 교양화되지 못하였다는 것은 역시 사실로서 인정
하지 않을 수 없다. 유롭에 있어서도 과학은 十九세기 전
반까지는 아직 교양화되지 못하였었다. 그 증거로선 자연
주의작가들의 작품이 당시 불란서(佛蘭西) 사회에 일으킨
물의를 엿보면 짐작할 수 있을 것이다. 자연주의 소설이 당
시의 교양 사회에 충격을 준 것은 그 패덕성에서보다도 차
라리 그 전문적 용어에 있어서다. 묘사되는 인물의 직업과
환경에 따라서 모든 세부 묘사가 전문적 용어로써—보통
독자로선 도저히 이해할 수 없는 용어로써 되어 있었다. 이
리하여 위고는 <노트르담>에서 한 권의 완전한 건축학 사
전을 제공하였고 <바다의 일꾼들>에선 해어(海語) 사전을

제공한 셈이다. 그리고 발작크의 <세자르 비로토>를 완전
히 이해하려면 변호사나 회계사가 되지 않아선 아니 되고
졸라의 어떤 장면을 이해하려면 자기 자신이 백정이 되는
수밖에 없다고 독자들은 탄식하였든 것이다.

현대인의 과학에 대한 지식은 놀랄 만치 발달되어 소
설 가운데 전문적인 묘사가 나온다고 쇽크를 받을 이는
없다. 그러나 그 과학적 지식이 얼마나 그 사람의 교양이
되어 있는가 하는 것은 퍽 의문이라 하겠다. 왜 그러냐 하
면 현대인은 앞서도 말한 바와 같이 그 과학과 지식을 참
으로 인간적인 가치에 유용화할 줄을 모르고 또 근본적
인 인생 문제에 대하여 과학적 지식은 거지반 아무 소용
이 없기 때문이다.

교양은 일반적인 동시에 또한 포용적이다. 어떤 성질의
문화에 대해서나 또는 문화의 어떤 부문에 대해서나 교양
은 배타적이 아니다. 무엇이나 자기 개성의 양식이 될 만
한 것이면 섭취하고 또 이질적인 것일지라도 일단은 받아
들이는 것이 교양의 정신이다. 따라서 어렸을 때부터 너무
도 배타적인 태도로서 외래문화에 대하도록 훈련되는 사
회는 결코 행복한 사회는 아니다.

이질적인 문화를 너무도 많이 섭취하였기 때문에 도리
어 개성이 통일되지 못하고 자아분열(自我分裂)을 일으킨

예를 우리는 우리 주위와 우리 자신 가운데서 흔히 보는 바다. 이것은 현대인의, 특히 동양에 앉아서 구라파 문화를 수입하고 있는 우리들의 가장 큰 번민이 되어 있지만, 그렇다고 교양의 정신이 관용의 정신이라는 원리엔 변함이 없다. 따라서 교양의 다양성과 신념의 통일성이라는 것은 현대에 있어서 양립되지 않는 두 개념이면서도 이것을 양립시키는 데에 현대지식인의 중대한 임무가 있는 것이다.

이와 관련하여 생각되는 문제는 휴머니즘과 종교와의 관계이다. 앞서도 말한 바와 같이 휴머니즘이 교양을 근저로 하는 인생 태도라면 종교는 신념을 중심으로 하는 인생 태도이다. 휴머니즘은 다양한 문화에 접촉하여 풍부한 개성을 길러 내는 것을 목표로 삼고 종교는 통일적 원리에 의하여 개성을 훈련하고 집중하는 것을 목표로 삼는다. 따라서 휴머니즘과 종교가 각각 그 목적을 외길로만 추구할 때엔 반드시 양자 사이에 충돌이 생겨난다. 이런 예를 우리는 과거에서 많이 보았다. 그러나 양자가 서로 조화되어서 위대한 문명을 이룬 시대도 있다. 이리하여 우리는 "종교가 없는 휴머니즘은 천박하고 휴머니즘이 없는 종교는 편협하다"하는 교훈을 얻을 수 있다. 이것은 다시 말하자면 신념이 없는 교양은 천박하고 교양이 없는 신념은 편협하다라는 말이 된다. 그리고 그 실례로선 안치(安値)한 코스모폴리터니즘과 완고한 퓨리터니즘을 들 수가 있다. 인간 전체로 본다면 둘 다 불완전한 상태임을 면치 못한다.

교양은 이와 같이 잡다한 요소가 들어가서 상호 조정함으로 말미암아 도달되는 한 조화적 상태이니 그것은 외부 사회에 대하여선 고원한 식견과 적정한 판단을 가지게 된다. 나는 일찌기 <취미론>에서 이것을 상술한 바 있으니 여기서는 생략하거니와, 다만 한 가지 부언하고 싶은 것은 학식과 양식(良識)이 다르다는 점이다.

학식은 지식의 축적이고 양식은 교양을 표징하는 비평적 감별력이다. 우리는 독서로 말미암아 학식을 얻을 수 있으나 그러나 학식이 있다고 양식이 있는 것은 아니다. 학설은 결국에 있어 지식의 축적이니 다른 학자의 것을 그대로 빌려 올 수도 있지만, 양식은 오랜동안의 교양만이 가져올 수 있는 지혜이기 때문에 이것은 함부로 차용할 수는 없다.

이리하여 교양인의 표징은 사회에 대하여 학식을 내휘두르지 않는 대신에 정감(靜鑑)한 그러나 정확한 양식을 가지고 맹목적으로 움직이지 아니하고, 자기 자신의 가치감과 비평 기준을 가지고 적절한 판단을 내리게 된다. 교양의 정신은 결국 비평의 정신이다. 그리고 이것이 가장 중요한 점이다.

Note

I have transcribed this essay from Ch'oe Chaesŏ, "교양의 정신" ("Kyoyang ŭi chŏngsin"; "The Spirit of Cultivation"), 인문평론 (*Inmun p'yŏngnon*; *Humanities Critique*), vol. 2, Nov. 1939, pp. 24–29.

何が詩的であるか

「転換期の朝鮮文学」1943

時代の變遷と共に実の標準が變ることは當然であり、又變えなければならない。これをなし得ないものは感覺的無能者であるか、さもなければ臆病者である。現代詩人は、何が詩的であるかと云ふ質問に對して、「多くのものが一つの意思を以て働くことに美がある」はっきりと答へられて欲しい。

　一人一人の兒童の或るポーズや動作にも美が認められないことはないが、我々が今日本當に美しいなあと感ずるのは國民學校全児童の分列行進を見る時である。そこには集団美とか規律美とか云ったやうな形式美學的な概念を以てしては到底認明し切れない協同の美しさがあるのである。個々の人間が自己の力を最大限度に發揮してゐるが、然しそれは決して恣意的なるのでなく、一つの全體的な意思を以て行はれてゐるので、そこに個體の到底企圖し得ざる雄大にして而も壯嚴なる美が生み出されるのである。それは又全然意思を有せざる木偶人

形や機械がた〴機械的に動いてゐる所から生ずる形式的
な律動美さも違ふ。そこには生命の極度の發揮と極度の
抑壓との間に緊張状態があって、火花を散らさんばかり
の厳しい美しさが輝き出るのである。さう云ふ點では現
代戰争は協同美の極致を發揮するものを云へやう。時
折新聞紙上を通じてその片鱗を傳へてゐる我が陸海空
の協同の下に, 敢行される敵前上陸等、その全貌が明か
にされるならば、現代人の美意識をさらふことであらう
と想像される。ただかうした戰争の協同美を狙ってその
表現にも成功してあると云ふ作品の存外に少いのは寂
しい限りである。

　然しながら多くのものが一つの意思を以て働くと云
ふ協同美は何も軍事教練や戦争にばかりあるのではな
い。もっと平和な世界に於ても、勤労等の中に遊戯とは違
った真面目な 協同美が見出されるであらう。もっと手近か
な所に適當な實例が無いのでワーズワースの作品を取る
が、例の「鶏は啼き、川は流れ」で始まる『三月の歌』は
協同美歌った作品として再評價されてもよいと思ふ。從
來は春先ののどかな田園風景を叙した詩をして中學生の
リーダーに引用される位のものであったが、この作品は
もっと真面目な意味を持ってゐると思ふのである。

鶏は啼き
川は流れ
鳥は囀り
湖は光
青い野原は日向にまどろむ。
老いたるも幼きも
壯者と共に働き
牛は草はみて
頭も上げず
四十頭一頭の如くありぬ(以下略)

　茲には全體を流れてゐる律動美さ云ふものもあるが、然しさう云った遊戯的要素よりも人馬一體となって黙々を一つの意思—生産に從事してゐると云ふことの中に美が見出される。

　最近日本的美學さ云ふことが盛んに研究されてゐるやうであるが、私はこゝら邊からも美の日本的性格は摑み出せると思ふ。尤もその場合は「多くのものが一つの意思を以て働く」と云ふ提題は「多くの意思を持ったものが一に歸する」と云ふ提題にまで高められねばなるまい。若しかう云ふことを念頭において讀むならば、萬葉集からは多くの先例が指摘され得るであらう。

やすみしし　吾が大君　神ながら　神さびせすと
芳野川　たぎつ河内に
高殿を高知りまして　登り立ち　國見をすれば
疊なはる　青桓山　山神の
奉る貢と　春べは　花かざし持ち
秋立てば黄葉かざせり　遊部川の　大御食に
仕へ仕ると　上つ瀬に　鵜川をたて　下つ瀬に
小網さし渡す　山川も
依り仕ふる　神の御代かも

　私は國文學の知識に乏しいのでよくは知らないが、探せばもっと適切な作品はあると思ふ。

　この歸一の美に對しても現代の詩人はもっと眼を開くべきである。個性の廢墟の中で廃頹美のかけらを蒐めて廻るよりは、もっと目を外部に向け、今日都會と云はず農村と云はず到る處に繰り展げられつゝある歸一の風俗に美を求むべきではなからうか。さう云ふ點で金鍾漢君の「合唱について」（「國民文學」四月號）、殊に近來の快作「風俗」（「國民文學」六月號)は意圖も大膽であるが、作品としても新しい行き方をして相當に成功してゐると思ふ。

　大體今までの詩人が餘りにも孤立の美を追求し過ぎたのである。全體に叛くもの、全體から離れてゆくもの、從っ

て反抗を没落とに對して異常嗜好性を示したのである。大抵の詞華集には如何に多くの放浪の歌と落葉の歌が収められてゐることか! これはやがて分裂さ廃頽の氣分を醸成して、國民思想の統一から見ても面白くないばかりでなく、詩自體の行き方をしても寒心に堪へぬものがある。これはどうせ末期個人主義の所産であるが、我々は一日も早くかう云ふ病的状態から抜け切らなければならない。

Note

I have transcribed this essay from Ch'oe Chaesŏ, *"何が詩的であるか"* ("Nani ga shiteki de aru ka"; "What Is Poetic?"), 転換期の朝鮮文学 (*Tenkanki no Chōsen bungaku; Korean Literature in a Time of Transition*), Jinbunsha, 1943, pp. 181–86.

문학의 이념

《문학원론》 1957

문학은 일종의 예술이다. 예술은 우리가 직접으로 체험할 수 있을 뿐이다. 그래서 문학은 추리적인 개념규정을 반발하는 그 무엇을 고유한 성질로서 지닌다. 문학에 대한 정의들이 대부분 김빠진 추상어의 나열로서 끝나는 것은 그 때문이다.

그러나 문학을 체험하고 나서—구체적으로 말하면, 중요한 문학작품들을 읽고 나서—문학의 이념을 구성해 본다는 것은 전연 불가능한 일은 아니다. 그러한 이념을 설명하자는 것이 이 책의 목적이다. 그러니까 문학의 이념은 이 책을 다 읽고 나서 이야기할 문제일는지도 모른다. 그러나 우리는 서술의 출발점을 갖지 않을 수 없다. 그러한 출발점은 이미 존재하고 있는 문학에 대한 정의들 속에서 발견될 것이다.

아래에서 여러 선인들의 문학 정의를 소개하겠는데, 단순한 나열에 끊기지 않고 계통적으로 분류되어 어느 정도 비판적으로 처리될 터이다. 그렇게 함으로써 앞으

로 우리가 생각해야 할 문제들이 자연히 제출될 줄로 믿
는다.

1. 가장 넓은 의미의 문학

Literature 의 의미는 letters이다 (a man of letters는 "문
인"이다). 그러니까 문자의 유의미적 배열을 가장 원시적인
의미의 문학이라 말할 수 있다. 고대인은 예리한 기구를 가
지고 나무 속껍질에 글자를 기록했다. 라틴틴말의 liber이
나 앵글로색슨말의 boc(=book)은 나무 속껍질을 의미한
다. 또는 나무 잎에 새기기도 했다. 지금도 책장을 leaf라
한다. 그러니까 나무는 책의 시초라고 말할 수 있다. 다음
에 인용하는 롱(Long)의 정의는 이러한 기원의 역사를 고
려한 가장 넓은 의미의 정의이다.

　"인간의 손이 나무나 그 제품이나 또는 그 대용품 위에
기록한 인체의 것이 문학이다."[i]

　이 정의는 너무도 범위가 넓어서 문학의 성질을 전연 설
명하지 못한다고 생각될지 모르나, 적어도 한가지 점에 있
어 그것은 문학의 본질을 건드린다. 문학은 기초적인 면에

---

[i] William Long: *Outlines of English Literature*, p. 3. "Everything that
the hand of man has written upon the tree or its products or its substi-
tutes is literature."

있어 기록인 것이다. 어떤 내용을 어떤 수단으로 기록하느
냐 하는 것은 다음 문제로 미루기로 하고, 체험을 기록하
자는데서 문학은 탄생된다는 사실을 기억해 두자. 물론 기
록에 앞서서 표현과정이 있었을 것이다. 그러나 체험의 표
현은 당연히 보존을 요구한다. 기록되지 않고 체험이 보존
될 수는 없다.

이와 같이 문학을 기록에 국한하는데 대해서 반대론이
있을 것이다. 드 퀸시(De Quincey)는 책으로된 많은 것이
문학이 될 수 없을 뿐만 아니라, 진실로 문학적인 것이 책
으로 되어 있지 않은 것도 많다는 이유에서 책은 문학의
이념과 동연적(同延的)일 수 없다고 단정한다.[ii] 책으로 되
어 있지 않은 문학을 비기록적 문학이라고 한다면, 드 퀸
시가 비기록적 문학의 예로 든 것은 문학적인 내용을 갖
는 설교와 특히 연극의 상연이다. 그러나 설교나 구연이
라고 해서 기록되지 말라는 법은 없다. 만약 기록되지 않
았다면, 그 원인은 내용이 무가치하거나 또는 우연이거나
둘중의 하나일 것이다. 또 무대에서의 상연은 각본을 읽
는 이상의 효과를 줄 수도 있지만, 상연은 극예술로서 문
학과는 달리 취급하는 것이 온당할 것이다.

[ii] Thomas De Quincey: *Essay on the Works of Alexander Pope.* Note 11
을 보라.

드 · 퀸씨의 반대이유보다도 더 곤난한 문제는 소위 구전문학이다. 즉 문자의 매개를 빌리지 않고 입에서 입으로 전해지는 문학—이를테면 고대의 서사시나, 중세기의 로멘스(romance)와 발라드(ballad)들이다. 모울튼(Moulton)교수는 문학을 고정문학(fixed literature)과 유동문학(current literature)으로 분류하여 구전문학을 중대하게 취급하고 있지만, 구라파의 구전문학은 거의 다 문자화된[iii] 것이 사실이다. 만약 <일리아드> (*Iliad*)와 <오디쎄이> (*Odyssey*)가 호오머(Homer)의 손에서 문자화되지 않았고,[iv] <베오울프> (*Beowulf*)가 어떤 수도사의 손으로 문자화되지 않았고,[v] <오시안> (*Ossian*)이 맥퍼슨(Macpherson)의 손으로 문자화되지 않았다고[vi] 가정한다면, 그들이 어떻게 오늘날 문학으로서 남아있을 것인가? 모울튼같은 학자의 연구도 물론 있을 수 없었을 것이다.

[iii] Richard Moulton: *Modern Study of Literature*, ch. 2, sec. 2.

[iv] *Iliad* 와 *Odyssey* 는 기원전 9세기에 희랍에 살고 있었다고 추측되는 맹목의 서사시인 Homer 의 저작으로 되어 있다. 저작이라 하지만 현대적 의미의 창작은 아니다. 그는 음유시인들이 오래 구전해 오던 Troy 전쟁의 전설들을 집대성해서 문자화했다.

[v] *Beowulf* 는 Anglo-Saxon 족이 서기 8세기에 England 에 침입할 때에 독일에서 가지고 온 전설인데, 오래 scop 들이 불러오던 것을 10세기에 수도사들이 문자로 기록했다. 영문학 최고의 작품이다.

[vi] *Ossian* 은 3세기에 살고 있었다고 가정되는 Gael 족의 영웅시이늬 전설을 James Macpherson 이 운문화했다고 하지만 (1763년 출판) 사실을 대부분이 그의 창작이다. 이 시는 J. W. Goethe 를 비롯하여 많은 낭만주의자들에게 영향을 주었다.

비록 문자가 보급되고 인쇄가 발달 된 현대라 할지라도 세계의 군데 군데에 아직도 문자화되지 못한 이야기와 노래들이 많이 유동하고 있는 것은 사실이다. 그러나 그들을 문학이라 부르지는 않고 전승(tradition)이라 부른다. 그 이유는 그들이 아직도 문학적으로 충분한 표현을 받지 못했기 때문이다. 그들 중에는 문학적 소재로서 훌륭한 것도 많을 것이다. 그러나 그들은 아직 문학이 아니다.

구체적으로 문학이 무엇이냐 물을 때에 우리는 책을 가리킬 수 밖에 없다. 이것은 문학을 연구하는 사람에게는 특별한 중요성을 갖는 사실이다. 책을 떠나서 문학연구는 있을 수 없다. 문학작품에서 암시를 받아 인생을 해석해 보고 인생문제를 비판하는 것도 문학연구에 부수되는 흥미있고도 풍족한 체험이 되지만 문학연구의 대상은 언제나 엄밀히 구체적인 책이다.

2. 지식의 문학과 힘의 문학

일체의 기록을 literature 라고 할 때에 그 범위가 너무도 넓어서, 우리의 연구에 대하여 별반 도움이 되지 않는 것이 사실이다. 그 속에는 수학책 법령집(法令集) 경제통계와 기타 무수한 기술책 등 순연히 사실과 지식을 제공하는 일을 위주하는 책들이 포함되는 데, 그런 것들도 구라파

에서는 literature 이라 하지만, 우리는 문단이라고 해서
문학과는 구별한다. 전절(前節)에서 소개한 롱의 정의도
넓은 의미의 문단의 정의였지, 좁은 의미의 문학의 정의는
아니었다. 그는 범위를 훨씬 좁히어서 아래와 같이 정의한
다. "문학은 인간의 최고한 사상과 기록이다. 그것은 교훈
을 목적으로 삼는 책들을 제외하며, 쾌락을 줌으로 목적
을 삼는 책들 만을 포함한다."[vii]

이 정의로써 일체의 문단이 문학에서 제외될 뿐더러, 소
위 인문계통의 책들 중에서도 지식과 교훈을 위주로 하는
역사 종교 철학 윤리 등 서적의 대부분이 떨어져 나간다.
롱은 목적을 기준삼아 문학과 비문학을 구별하고 있는데,
이런 구별은 과연 어느 정도로 타당한가 생각해 볼 문제
다. 문학의 목적 퍽도 복잡한 문제라서 따로 장(章)을 두어
논급하겠지만, 여기서는 위선 문학의 개념을 규정하는데
필요한 정도로 취급해 둔다.

작가의 목적관을 가지고 문학과 비문학을 구별하는 것
이 재래 비평의 전통적인 방식이었다. 그러나 목적관에는
교훈과 쾌락이 고대 이래로 대립해 왔기 때문에 문학의 개

[vii] Long: *Outlines of English Literature*, p. 5. "Literature is the written record of man's best thought and feeling. . . . It excludes works which aim at instruction, and includes only the works which aim to give pleasure."

념이 명백해 지기는 커녕 도리어 혼란만 일으키는 실정이었다. 교훈 대 쾌락의 논쟁은 문학의 목적과는 떠난 별개의 문제라 함이 저자의 근본입장인데, 이것은 무슨 이론적 근거에서 보다도 실제 작품에서 추출되는 결론이었다. 얼른 알기 쉬운 예로서 다음 몇가지 사실을 생각해 보면 그러한 입장에 공명(共鳴)해질 줄로 믿는다.

셰익스피어의 각본이나 워어즈워스의 서정시(抒情詩)나 괴테의 산문들이 독자에게 지극한 쾌락을 주는 것은 사실이지만, 또 한편 인생의 어떤 진리를 계시하여 깊은 교훈을 주는 것도 사실이다. 그와 반대로 과학적 신발견—이를 테면 원자력의 그것—이 과학자 자신과 독자에게 놀라움과 동시에 깊은 정신적인 만족감을 주는데, 최종분석(最終分析)의 결과 그것은 예술적 쾌락과 본질적으로 동일하다는 것이 판명된다. 그러면 그 과학 책은 문학인가?

드 퀸시는 책의 이념이 문학의 이념과 동연적일 수 없다고 말했다고 전절에서 지적했는데, 그것은 물론 문학을 준별(峻別)하기 위해서였던 것이다. 같은 엄격한 태도로써 그는 교훈 대 쾌락을 가지고 문학과 비문학을 구별하기를 거부한다. 그는 밀톤의 <실낙원>을 예로 들어 다음과 같이 질문한다. "이 책은 어느 부류에 속하는가? 가리키는 책에 속하는가? 흥미를 주는 책에 속하는가? 만약 가리키는 책에 속한다고 대답한다면 그것은 거짓말이다. 이 시 속에는 교훈은 전연 없다. 또 만약 흥미를 주는 책에 속한 다고 대답한다면 그는 타락한 사람이다. 인간성을 높이고 존엄하게 만드는데 어느 작품보다 더 공(功)이 많은 이 시 를 타락한 인간이 아니고서야 어찌 그렇게 훼손할 수 있 을 것인가?"viii

드 퀸시는 "지식의 책과 쾌락의 책"이라는 상식적인 양 분론을 부정한다. "그러면 문학이라는 말속에 잠재(潛在) 하는 바 지식의 반대개념은 무엇인가? 통속적인 반대개념 은 쾌락이다 (시인은 가리키기를 원하거나 또는 기쁘게 해 줌을 원한다―호라스) 책은 교훈을 꾀하거나 또는 흥미를 꾀한다고 흔히들 말한다. 과연! 그러나 이 문제에 대해서 군말을 허비하지 않아도, 이 덜된 반대개념들이 아무 짝에 도 닿지 않는다고 당신은 생각하리라 믿는다."ix

---

viii De Quincey: "Letters to A Young Man Whose Education Has Been Neglected," *London Magazine*, March 1823. 이 논문은 P. R. Lieder and R. Wittington (Ed.): *The Art of Literary Criticism* (Appleton Century, 1941) 에 수록되어 있다. 인용문의 페이지는 이 선집의 그것을 의미한다.

ix *Letters to A Young Man*, p. 440. "I have said that the antithesis of literature is books of knowledge. Now, what is that antithesis to knowledge, which is here implicitly latent in the word literature? The vulgar antithesis is *pleasure* ('aut prodesse volunt, aut delectare poetae'). Books, we are told, propose to instruct or to amuse. Indeed! However, not to spend any words upon it, I suppose you will admit that this wretched antithesis will be of no service to us."

사실 교훈과 쾌락은 비평가들이 스스로 만들어 놓은 바 빠져 나올 수 없는 두 함정이었다. 한 함정에서 빠져 나오면 필연코 다른 함정에 빠지게 된다. 이러한 함정을 전연 없애기 전에는 문학비평은 한 걸음도 나아가지 못할 것이다. 드 퀸시는 새로운 개념을 끌어 들임으로써 이 결박에서 자기자신을 해방했다. "지식의 진정한 반대개념은 쾌락이 아니라 힘이다. 일체의 문학적인 것은 힘을 전달하고자 하며, 일체 비문학적인 것은 지식을 전달하고자 한다."[x]

그러면 지식의 반대개념으로서의 힘이 무엇이냐 하는 질문에 대해서는 <리어왕>의 마지막 장면에서 받은 효과를 명문으로 기술할 뿐이었고, 이론적인 설명이 없었다. 이 질문에 대해서 좀더 구체적으로 대답해 주는 글은 이 논문보다도 二十五년 뒤에 쓰여진 <포오프 론>[xi]이었다.

집합적으로 우리가 문학이라고 부르는 일대 사회적 유기체 속에서 두개의 별다른 직분이 구별된다. 이 두개의 직분은 서로 융합할 수 있으며, 또 사실상 융합하고

---

[x] *Ibid.*, p. 441. "The true antithesis to knowledge, in this case, is not *pleasure*, but *power*. All that is Literature seeks to communicate power; all that is not literature, to communicate knowledge."

[xi] De Quincey: "Essay on the Works of Alexander Pope." *North British Review*, August 1848. 이 논문도 *The Art of Criticism*에 수록되어 있다. 이 논문은 *Encyclopaedia Britannica* 7판에 수록되어 있는 그의 "Pope"론과 혼동되기 쉽지만 두 논문은 전연 별개다.

있지만, 본래의 성질로 말하면 서로 분리시킬 수 있으며, 따라서 서로 반발하기 쉽다. 첫째로 지식의 문학이 있고, 둘째로 힘의 문학[xii]이 있다. 전자의 기능은 가리키는 일이며, 후자의 기능은 움직이게 하는 일이다. 전자를 배의 "키"라 하면, 후자는 "노"나 "돛"이다. 그러면 무엇을 향해서 어떤 작용으로 인간을 움직이게 하는가?

문학의 힘은 "진리에 대한 깊은 공감"(deep sympathy with truth)이라고 드 퀸시는 말한다. <실낙원>에서 우리는 새로 배울 것이 아무것도 없다. 그러나 요리책에서는 매 절마다 새 지식을 배울 수 있다. 그러면 요리책을 <실낙원>보다도 높이 쳐야 옳은가? 물론 그렇지는 않다. 그 이유는 무엇인가? "우리가 밀톤에서 얻는 것은 지식이 아니다. 지식을 구성하는 백만개의 항목은 동일 지면에서 걸어나가는 백만개의 발걸음 밖에는 아니된다. 우리가 밀톤에서 얻는 것은 힘이다. 다시 말하면 무한한 것을 공감할 수 있는 우리의 잠재적 능력을 운동시키고 확대시켜주는 힘이다. 여기에서는 심장이 고동하고 피가 심장으로 흘러들어 오고 하는 하나하나의 운동이 즉 향상의 발걸음인 것

[xii] 이 논문에서 De Quincey 는 book 대신에 literature 란 말을 쓰고 있다. Book 과 literature 의 구별 엄밀하지 않다는 것을 알 수 있다.

이다. 마치 지상에서 신비로운 천상으로 한 걸음 한 걸음
타고 올라가는 "제이코브의 사다리"와도 같은 것이다. 지
식의 모든 진보는 처음부터 끝까지 동일 면에서 추진시킬
뿐, 우리를 태고연(太古然)한 지면에서 한자도 높여 주지
는 못한다. 그러나 힘에 있어서는 제일보 그 자체가 비행
이다. 그것은 지구를 잊어버린 딴 세계로 올라가는 운동
인 것이다."[xiii]

　드 · 퀸씨는 낭만주의 비평가니까 "무한"이니 "지구를 잊
어버린 딴 세계"니 하는 말들을 썼지만, 그것은 예술세계
를 가리키는 그 시대의 특유한 어휘들이라 깊이 구애할 필
요는 없을 것이다. 그런 것보다도 그가 문학적 힘의 작용
을 어떻게 설명하는가를 주의해 볼 필요가 있다. "지식의
문학은 단순한 추리적 오성(悟性)을 상대한다. 힘의 문학
은 궁극에 가서 좀더 높은 오성 즉 이성을 상대할지도 모

[xiii] *Essay on Pope (Art of Criticism*, p. 449). "What you owe to Milton is
not knowledge, of which a million separate items are still but a million
of advancing steps on the same earthly level; what you owe, is *power*,
that is, exercise and expansion to your own latent capacity of sympathy
with the infinite, where every pulse and each separate influx is a step
upwards—a step ascending as upon a Jacob's ladder from earth to mys-
terious altitudes above the earth. *All* the steps of knowledge, from first
to last, carry you further on the same plane, but could never raise you
one foot above your ancient level of earth: whereas, the very *first* step
in power is a flight—is an ascending movement into another element
where earth is forgotten."

르나, 항상 쾌락과 공감의 감정을 통해서만 작용한다. 멀기로 말하면, 그것은 베이컨경(卿)이 건조한 광선이라고 말한 바 [이성] 속에 자리잡고 있는 대상을 향해서 여행할는지도 모르지만, 가깝기로 말하면 그것은 인간적인 열정 욕망 정서 등의 안개와 찬란한 홍채(虹彩) 속에 싸여있는 습윤(濕潤)한 광선을 통해서만 작용한다. 만약 그렇지 않다면 그것은 전연 힘의 문학이 되지는 않을 것이다."[xiv]

3. 과학과 문학

드 퀸시는 주로 기능면에서 문학을 보았는데, 그의 정의로서 문학과 과학 구별이 상당히 명백해 졌다. 드 퀸시는 과학이란 말을 쓰지는 않았지만 지식의 책이 주로 과학을 의미하는 것은 명백하다. 뉴우톤의 <자연철학>과 세익스피어의 각본들을 놓고 볼 때에 독자에게 지식을 가르쳐 주는 과학과 감동을 주는 문학과 사이에는 우리가 충분히 인식할 수 있는 구별이 존재한다. 그러나 그 중간에

[xiv] *Ibid.*, p. 448. "The first (the literature of knowledge) speaks to *mere* discursive understanding; the second (the literature of power) speaks ultimately, it may happen, to the higher understanding or reason, but always *through* affections of pleasure and sympathy. Remotely, it may travel towards an object seated in what Lord Bacon calls *dry* light; but proximately, it does and must operate, else it ceases to be a literature of *power*, on and through that *humid* light which clothes itself in the mists and glittering *iris* of human passions, desires, and genial emotions."

위치해서 양쪽에 걸치는 분야가 있다. 예를 들면, 파스칼의 <명상록(瞑想録)> 같은 철학, 기번의 <로오마흥망사(興亡史)>와 같은 역사, 에드먼드 · 버어크의 정치논설 등은 사실과 지식을 내용으로 삼으면서도 독자를 감동시키는 힘이 크다. 이들은 문학인가? 과학인가? 만약 문학의 카테고리에 넣을 수 있다면 그 근거는 무엇인가?

이번에는 그 반대의 예를 들어 보자. 지식과 사상을 주제로 삼는 작품은 종래에 비문학적이라고 해서 무시되어 왔지만, 현대의 주지주의 문학은 반정서주의와 사실존중을 특징으로 삼는다. 그러한 문학적 태도는 고전문학에 대한 재평가를 일으키어 희랍의 자연철학 시인과 이태리 중세기의 소네트시인들과 영국 17세기의 철학파 시인들이 새로운 중요성을 가지고 등장하게 되었다. 이러한 현상을 볼 때에 과학과 문학을 구별하는 것은 결코 소재만은 아니라는 것을 알 수 있다. 소재가 아니라면 소재를 다루는 방법속에 해결의 실마리가 발견될 수 밖에 없다.

과학과 예술의 구별을 논의하는 사람들이 흔히 말하기를, 과학은 진리를 취급하고 예술은 미를 취급한다고 한다. 문학론에서 이처럼 혼란을 일으킨 구별은 없다. 그것은 교훈 대 쾌락만큼이나 문학비평의 전진을 방해한 함정이 없다.

두 분야의 중간 지대라는 위험성이 많은 땅을 친히 걸어 보면서 많은 혼란을 정리해 준 사람은 페이터어[xv]이다. 그는 드 퀸시와 동일한 문제에서 출발하면서도 좀 더 깊은데까지 들어가서 좀더 명확한 이념을 끌어 냈다.

이 문제에 있어 본질적인 양분론은 상상적 저술과 비상상적 저술 사이에 존재한다. 그것은 드 퀸시의 "힘의 문학과 지식의 문학"의 대립과 유사한 것이다. 전자에 있어 저술자는 우리에게 사실을 제공하지 않고, 사실에 대한 독특한 인식을 제공한다.[xvi]

문학도 과학과 마찬가지로 사실을 주로 한다는 것이 페이터어의 근본이념이다. 다만 과학에 있어서는 사실이 사실 그대로 표현되지만 문학에 있어서는 사실에 대한 독특한 인식—상상적 인식이 표현된다. 과학을 사실의 전사(轉寫)(transcription)라고 한다면, 문학은 사실인식의 전사다. 혹은 영혼적 사실의 전사라고 해도 좋다. 어째서 그러한가?

[xv] Walter Pater가 이 문제를 취급한 곳은 *Style*이다. 이 논문은 산문과 시의 구별을 당면의 주제로 삼고 있지만, 문학의 근본에 대한 중요한 논의를 포함한다. 그것은 *Appreciations with An Essay on Style* (Macmillan, 1942)에 실려 있다.

[xvi] *Appreciations*, p. 7. ". . . the essential dichotomy in this matter, between imaginative and unimaginative writing, parallel to De Quincey's distinction between 'the literature of power' and 'the literature of knowledge,' in the former of which the composer gives us not fact, but his peculiar sense of fact."

가령 역사의 경우를 예로 들어 생각해 보자. 연대기 편수자가 어떤 시기에 나타난 역사적 사실들을 그대로 기록하여 연대기를 꾸밀 때에 그것은 엄밀한 의미에서 사실의 전사다. 그러나 역사가가 일정한 사관 밑에 역사를 쓸 때에 그는 사실의 전사에만 멈출 수는 없다. 위선 무수한 사실들 중에서 재료를 선택해야 하는데, 선택은 그가 역사세계를 내다보는 투시(透視)(perspective)에서 결정된다. 투시는 다시 말하면 상상적 직관이다. 다음에 그는 선택된 사실들에 대해서 독자(獨自)의 해석을 하게 되는데, 해석에는 그의 기질과 의욕과 인생관 등—소위 역사가의 개성이라고 하는 영혼의 일체가 관련된다. 이리하여 역사책 속에서 표현되는 사실은 알맹이 사실이 아니라, 그의 영혼 속에 살아 있는 사실이다. 그것은 이미 그의 상상에 물들이 독특한 색조를 띠우고 있다. 이렇게 되면 그것은 벌써 예술에 접근한다. "저술자의 목적이 외부세계의 단순한 사실을 전사하는데 멈추지 않고, 의식적으로거나 무의식적으로거나, 그 사실에 대한 인식을 전사하는 대로 접근함에 정비례(正比例)해서 그는 예술가가 되며, 그의 작품은 예술이 된다."[xvii]

[xvii] *Ibid.*, p. 9. "Just in proportion as the writer's aim, consciously or unconsciously, comes to be the transcribing, not of the world, not of mere fact, but of his sense of it, he becomes an artist, his work, *fine* art."

결국 같은 말이지만, 이것을 문학에다 적용하면 다음과 같이 된다. "문학예술은 어떤 모로나 사실—형상 또는 색채 또는 사건—을 모방(imitate)하거나 또는 재생(reproduce)하는 모든 예술과 마찬가지로, 선택과 의욕과 능력에 있어 독특한 개성의 영혼과 결합된 그러한 사실의 전사다. 단순한 사실의 전사가 아니라, 무한히 다양한 형식을 가지는 인간적 선택에 의하여 변모된 바 무한히 다양한 사실—그런 것이 상상적 예술적 문학의 소재가 된다."xviii

무한히 다양한 형식속에 나타나는 진리—그것을 미라 한다. 문학에 자주 미가 진리와 동일시되는 것은 그 때문이다. "작품은 사실인식의 표현에 나타나는 진실성에 비례해서 훌륭한 예술이 된다. 문학의 좀 더 비속하고 질박한 기능에 있어서와 마찬가지로, 진리—알맹이 진리에 대한 진실성—이야말로 문학이 가질 수 있는 바 예술적 특질의 본질이다. 진리—과연 그렇다. 진리가 없이는 가치도 있을 수 없고, 예술도 있을 수 없다. 그 뿐만은 아니다. 미라는 것도 결국 두고 보면 진리의 정련(精練)에 지나지 않

---

xviii *Ibid.*, p. 10. "Literary art, that is, like all art which is in any way imitative or reproductive of fact—form, or colour, or incident—is the representation of such fact as connected with soul, of a specific personality, in its preferences, its volition and power. Such in the matter of imaginative or artistic literature—this transcript, not of mere fact, but of fact in its infinite variety, as modified by human preference in all its infinitely varied forms."

는 것이다. 그것을 우리는 표현이라 부르는데, 그것은 정
신내부의 상상에다 우리의 언어를 좀 더 정밀하게 순응시
켜 놓은 것이다."ˣⁱˣ

4. 가치있는 체험의 기록

드 퀸씨와 페이터어의 정의로써 문학의 범위가 좁아지면
서 그 개념이 퍽 명백해졌다. 이번에는 직접으로 문학의 개
념을 규정하는 정의를 살펴보자. 롱의 정의를 되풀이 함으
로써 시작한다.

  "문학은 인간의 가장 좋은 사상과 감정의 기록이
    다."—롱
  "문학은 최고한 사상의 표현이다."ˣˣ—에머어슨
  "문학은 언어에 의한 사상의 표현을 의미한다.
    그리고 사상이라 할 때 나는 관념 감정 견해 추

ˣⁱˣ *Ibid.*, p. 10. "As in those humbler or plainer functions of literature also, truth—truth to bare fact, there—is the essence of such artistic quality as they may have. Truth! there can be no merit, no craft at all, without that. And further, all beauty is in the long run only *fineness* of truth, or what we call expression, the finer accommodation of speech to that vision within."

ˣˣ Quoted in Caleb Thomas Winchester: *Some Principles of Literary Criticism*, p. 36.

리와 기타 인간정신의 다른 작용들을 의미한
다."[xxi]—뉴우만

이상의 정의들을 종합하면 아래와 같이 된다. "문학은
언어에 의한 인간 최고 사상과 감정의 표현 또는 기록이
다." 표현인가? 기록인가? 언어에 의한 표현은 구체적으로
기록을 의미하니까, 어느 쪽이라도 좋을 것이다. 그러나 저
자는 뒤에서 말하는 바와 같은 이유로써 기록이란 말을
쓰고자 한다. 그렇다고 해서 문학에 있어서의 표현과정을
중요시하지 않는 것은 아니다. 그와는 반대로 표현은 문학
의 거의 전부라고까지 생각한다.

표현에 관해서는 앞으로 따로 장을 두어 자세히 설명
하겠지만, 여기서는 위선 표현이 사상과 감정을 결합한다
는 사실만을 강조한다. 드 퀸시는 궁극적으로 건조한 이
성에 도달하는 문학이지만, 먼저 "인간적인 열정 욕망 정
서 등의 안개와 찬란한 홍채 속에 싸여 있는 습윤 광선"
즉 "쾌락과 공감의 감정을 통해서만" 작용한다 말했고, 페
이터어는 객관적 사실이 작가의 개성을 통과하므로 "상상
에 물들어 독특한 색조를 띄우며" 또 "개인적인 기호(嗜

[xxi] John Henry Newman: *Idea of a University*, p. 291. "By letters or
literature is meant the expression of thought in language, where by
'thought' I mean the ideas, feelings, views, reasonings, and other op-
erations of the human mind."

好)에 변모되어 무한히 다양한 모습으로 나타나는" 사실을 역설한다. 이들은 모두 다 표현이라고 하는 정신작용의 특징이다. 문학은 사상과 감정을 과학처럼 추상적 분석적으로 취급하지 않고 구상적 종합적으로 취급한다. 사상과 감정은 우리의 내부에서 따로따로 활동하지는 않는다. 하나는 원인으로서 또 하나는 결과로서 언제나 전일적 유기적으로 활동하는 생명과정이다. 그러한 생명과정을 우리는 체험이라 부른다. 그래서 나는 문학을 "인간적 체험의 기록이라" 정의한다.

문학연구가 과학이 될 수 있느냐 하는 것은 중대한 문제이지만, 체험을 추상적 분석으로 취급하는 일이 허용된다면 물론 그것은 성립되는 이야기다. 그러나 그와 동시에 문학연구의 생명은 죽는다. 여기에 문학연구가의 번민이 있다. 어떻게하면 과학적으로 엄밀한 기술 속에 문학생명을 그대로 잡을 수 있는가 하는 것이 이 책에서 저자가 가지는 가장 큰 고통거리다. 비록 그것이 아무리 곤난한 일일지라도 저자는 문학을 체험으로서 관찰하고 설명하려는 노력을 끝까지 버리지 않을 것을 약속한다.

롱과 에머어슨의 정의에서 "최고의 사상 감정"이라고 말한 것은 무슨 의미인가? 문학의 사상과 감정은 어째서 최고라야만 되는가? 최상이니 최고니 하는 것은 비평에 속하는 문제라, 문학의 창작과 상관없는 일이 아닌가? 작가가 최고라고 생각하는 그 자체가 근거없을 뿐더러 비록 작가 자신이 최고라고 생각했어도 사회가 인정해 주지 않으면 그만이 아닌가? 그런 불확실한 조건을 문학의 정의 속에다 포함시키는 것은 불합리하지 않은가? 이러한 무수한 질문과 항의가 제출될 것을 저자는 잘 안다. 그럼에도 불구하고 저자는 이 조건을 가장 중요한 조건으로서 문학의 정의 속에 보존하고자 한다.

저자의 생각으로서는 기록이라는 것이 문학의 가장 기초적인 이념이다. 다시 말하면 보존의욕이 문학창작의 동기이며 또 추진력이 된다. 그렇다면 문학에서 취급되는 사상과 감정이 그 사람으로서는 최고 최선한 것이라야만 할 것은 당연하다. 어째서 그러냐 하면, 누구나 가치없는 것을 보존하려는 사람은 없으니까. 형식에 있어서나 내용에 있어서나 범용을 반발한다는 것은 문학에 있어서는 거의 본능적이다. "범용은 신들과 사람들과 책사(册肆) 주인들이 다 같이 금하는 바"라고 호라스도 말했다. 다만 그런 주관적인 자기평가 객관적인 비평과 일치하느냐 하는 문제도 있지만, 그것은 여기에서는 상관없는 문제다. 일치할 수도 있고 아니 할 수도 있다. 또 소위 객관적 평가라는 것도 시대에 따라서 달라진다. 그러나 작가는 자기의 사상과 감정이 후세에 보존할만한 가치가 있다고 생각될 때에만 표현의욕을 갖게 되는 것이 확실한 사실이니까, 창작 이전에 형성되는 가치감을 문학 정의의 한 조건으로서 채택한다. 따라서 앞서의 문학의 정의는 아래와 같이 수정된다. "문학은 가치있는 인간적 체험의 기록이다."

이 정의에서 벗어나는 경우가 있다. 작가가 자기의 사상과 감정에 대해서 엄숙한 평가가 없이 함부로 글을 써내는, 이를테면 매문가(賣文家)의 경우다. 그것은 문학 이전의 인간의 성실성에 관한 문제다. 그것은 문학의 근본이념에서 벗어나니까, 쓰여진 글은 비문학이다. 일 거리가 많은 문학연구에서 비문학에까지 머리를 쓸 필요는 없을 것이다.

5. 문학이념의 양극단

과거에 발표된 무수한 문학의 정의들xxii을 검토할 때에 우리를 놀라게하는 것은 동일한 문학에 대해서 어떻게도 그

---

xxii 여기서 소개되지 않는 정의들 중 주목할만한 것은 아래 저서들 중에서 볼 수 있다. J. Morley: *On the Study of Literature*, pp. 39–40; Hutcheson Macaulay Posnett: *Comparative Literature*, p. 18; Edward Dowden: *Transcripts and Studies*, pp. 237–40; Henry Nettleship: *The Moral Influence of Literature*; Lucius Adelno Sherman: *Analytics of Literature*, ch. 1; John Bascom: *Philosophy of English Literature*, lecture 1; Thomas Arnold: *Manual of English Literature*, pp. 341–42; George Henry Lewes: *Principles of Success in*

렇게 다른 정의들이 있을 수 있는가 하는 점이다. 다음에
양극단에 서 있는 정의 두개를 소개한다.

"위대한 문학작품은 예외없이 엄격한 도덕률의 주장이
다."[xxiii]—라스킨
"예술적인 언어 구조물이면 무엇이나 다 문학이라 부를
수 있다. 그 독특한 우수성은 문학적 미다."[xxiv]—오
스보온

하나는 19세기 비평가의 정의요, 또 하나는 현대 미학자
의 정의다. 이 두개의 정의를 양극단으로 해서 다음과 같
은 쌤플들을 나열할 수 있다.

"문학이란 정신적 인간의 문학적 표현이다. 다만 정신적
인간은 지성적 인간과 협동하는데, 전자가 주계수가
된다."[xxv]—코오슨

Literature, ch. 1; Hamilton Wright Mabie; *Short Studies in Literature*, p. 5;
Brother Azarius: *The Philosophy of Literature*.
[xxiii] John Ruskin: *Fors Clavigera*, vol. 4; letter 73. "Every great piece of
literature, without any exception, is an assertion of moral law, as strict
as the Eumenides or the *Divina Commedia*."
[xxiv] Harold Osborne: *Aesthetics and Criticism*, p. 260. "Literature we
call any structure in language which is fine art. Its characteristic excel-
lence is literary beauty."
[xxv] Hiram Corson: *The Aims of Literary Study*, p. 24. "Literature is the
expression in letters of the spiritual, cooperating with the intellectual,
man, the former being the primary, dominant coefficient."

"문학이란 말은 독자에 쾌락을 줄 수 있는 방식으로 배
열된 지성적 인간의 사상과 감정의 기록을 의미한
다."[xxvi]―브룩

"문학은 다음과 같은 책들로써 구성되며, 또 오직 그들
로써만 구성된다.―첫째 그 주제와 취급양식으로 말
미암아 일반적인 인간적 흥미에 속하며 둘째로 그 형
식적 요소와 및 그 형식이 주는 바 쾌락은 본질적인
것으로 간주된다."[xxvii]―하드슨

어와 같이 일정한 정의를 가질 수 없다는 사실은 문학의
성질 그 자체―다면적인 체험의 표현―에서 유래된다. 보
는 입장에 따라서 정의가 달라질 것은 사실이다. 문학은
일종의 예술이니까 형식과 내용을 어느 정도로 분리해서
고찰할 수 있다. 내용면을 무시하고 형식적 요소를 추상
해 가면 마지막에 도달되는 개념은 표현매체로서의 언어
다. 따라서 문학은 "언어의 예술"이라 규정할 수 있다. 독

[xxvi] Stopford Brooke: *Primer of English Literature*, p. 5. "By literature
we mean the written thoughts and feelings of intelligent men and
women, arranged in a way that shall give pleasure to the reader."

[xxvii] William Henry Hudson: *An Introduction to the Study of Literature*,
p. 12. "Literature is composed of those books, and of those books only,
which, in the first place, by reason of their subject matter and their
mode of treating it, are of general human interest; and in which, in the
second place, the element of form and the pleasure which form gives
are to be regarded as essential."

일말의 Wortkunst (언어예술)는 이러한 개념을 그대로 술
어로 표시한다. 언어예술은 기록되지 않은 구전문학도 포
함시키는 이점이 있고, 또 조형예술이나 음향예술과 동일
한 면에서 비교 연구할 수 있다는 데서 미학자들이 애용
하고 있지만, 독일에서도 일반적으로 사용되고 있지는 않
다. 그것은 문학의 이념을 지나치게 단순화하기 때문이다.
　문학에 고유한 우수성을 미(美)라고 하기엔 그 형식적
요소가 너무도 산만하고 또 한편 내용에 있어 지성적 요
소—사상과 모랄—가 과중하다. 이러한 양면성을 가지는
문학에 대해서 우리가 자의적인 개괄론을 적용하지 않는
다면, 그 어느 한쪽에만 치우치는 문학론을 구성할 수는
없을 것이다. 그 뿐만 아니라 문학에 있어 사상과 모랄은
유미주의자들이 생각하듯이 결코 외래적이거나 부수적
인 것은 아니다. 라스킨처럼 문학을 도덕률의 주장이라고
까지 생각치 않아도 문학의 표현매체가 되는 언어의 성
질을 생각해 보면 곧 알 수 있다. 문학의 지성적 요소는
언어 자체가 포함하는 의미의 일부에 불외하다. 그러니
까 사상과 모랄은 좋거나 그르거나 간에 소위 언어예술
이 떼 버릴 수 없는 고유한 독성인 것이다. 저자는 앞으로
따로 장을 두어 문학의 내용과 관련해서 언어의 의미를
새로운 각도에서 관찰해 보려고 하지만 하여간 미를 유

일한 판단 기준으로 삼아 문학을 보려는 언어예술론에는 가담하지 않을 것을 언명한다. 그러한 의미에서 하드슨의 정의는 평범해서 아무 신미도 없는 것 같지만 우리가 안심하고 의거할 수 있는 문학 정의가 된다.

예술은 표현매체에 의해서 그 성격이 결정되는 것이 사실이지만, 그러나 예술이 결국 예술가의 정신의 산물이라는 것도 부인할 수 없는 사실이다. 예술의 배후에 서 있는 인간을 단순히 기술인 (artist) 으로 보느냐 또는 모랄리스트로 보느냐에 따라서 예술관은 근본적으로 달라질 수 있다. 희랍 사람들은 시인을 poietes (제작자)라 해서 그 기술인적 성격을 명백하게 인식하고 있었지만, 그 반면에 시의 모방 대상은 어디까지나 "행동하는 인간"—즉 도덕적 인격에 있다고 극력 주장했으니까, 그들의 시는 단순한 tekne(기술)의 범위를 넘어서 sophia(지혜)였다. 시인은 로마시대에는 vates (예언자)였고, 르네상스시대에는 휴머니스트였고, 그러한 전통은 19세기까지 요동이 없었다. 그러한 전통에 대한 반역은 19세기말 유미주의에서 시작된다. 이 시대 이래의 문학기술시를 요약하고 대변(代辯)하는 스핑거언은 시인과 교양건축(橋樑建築)을 동일시하면서 다음과 같이 말했다. "도덕적 또는 사회적 목적을 증진시키는 일이 고유한 기능이 아님은 마치 에스페란토의 목적을 증

진시키는 일이 교양건축의 기능이 아님과 같다."[xxviii] 또 시
를 음악이나 건축과 동일시하면서 다음같이 말한다. "시가
도덕적이니 비도덕적이니 하는 것은 정삼각형이 도덕적이
며 이등변삼각형이 비도덕적이라 말하는 일이나, 또는 어
떤 화음이나 고딕건축의 어떤 아치가 비도덕적이라 말하는
일과 마찬가지로 무의미한 일이다."[xxix] 건전한 독자는 이러
한 극단론을 아마도 용인하지 않을 것이다. 그는 형식적 요
소가 문학에 있어 본질적 요소라고 말하는 하드슨의 정의
를 타당한 것으로 보는 반면에 코오슨이 문학자를 지성인
으로 규정한 것을 의미 깊은 일이라 생각할 것이다. 그는
시인 작가에게 사상가나 모랄리스트가 되기를 요구하는
것은 부당한 일이라 생각하지만, 시인은 인간이 어떻게 살
아야 할 것인가를 항상 연구함으로써 시 그 자체가 인생
비평이라는[xxx] 아널드의 말을 수긍할 것이다.

[xxviii] Joel Elias Spingarn: "The New Criticism," *American Critical Essays, XIX–XX Century*, ed. by Norman Foerster (World's Classics), pp. 442–43. "It is not the inherent function of poetry to further any moral or social cause, any more than it is the function of bridge-building to further the cause of Esperanto."

[xxix] *Ibid.*, p. 443. "To say that poetry, as poetry, is moral or immoral is as meaningless as to say that an equilateral triangle is moral and an isosceles triangle immoral, or to speak of the immorality of a musical chord or a Gothic arch."

[xxx] Matthew Arnold: Preface to *Poems of Wordsworth*, 1870. Arnold 에는 비슷한 제목의 논문 세 편이 있어 혼동되기 쉽다. (1) Preface to *Poems of Wordsworth*, 1853. 이 논문은 나중에 *Irish Essays*에서 재판되었다. (2) Preface

6. 연구의 방법

문학연구는 단순한 문학감상(鑑賞)에 그쳐야 할 것인가?
또는 좀 더 나아가서 한 학문이 될 수 있는가? 그런 문제
들을 세밀하게 논구하는 것은 철학적인 고찰을 포함하는
복잡한 문제라, 그것은 저자가 계획하고 있는 <문학연구
방법서설>로 미루기로 하고, 여기서는 이 책에서 채용된
방법의 요령을 적기(摘記)하기로 한다.

　이 <원론>은 중요하다고 생각되는 문학현상들을 되도
록 이론적 체계적으로 기술한다. 여기에서 취급되는 대상
은 허다한 비합리적 요소를 포함하는 문학적 체험이지만,
그러나 이 <원론>자체는 지식의 체계가 되어야 할 것이다.
다만 생명과정으로서의 체험은 환경과 유기체와의 상호작
용이니까 객관과 주관의 양면성을 가진다. 지식의 체계화
를 위해서 지나치게 추상화하면 내용이 공허해 진다. 그런
페단틱한 일은 되도록 금한다.

　이 <원론>은 다만 문학현상들의 기술만으로써 만족하
지는 않고, 한 걸음 나아가서 그 현상들을 설명하고자 한
다. 설명은 이미 과학적인 방법이다. 문학은 체험의 기록

---

to *Poems of Wordsworth*, 1870. (3) General introduction to *The English Poets*, ed. by T. H. Wards, 1880. 나중에 "The Study of Poetry"라는 제목으로 *Essays in Criticism: Second Series*에 수록되었다.

이며, 또 체험은 일정한 원인에서 일정한 결과에 도달하
는 일정한 과정이니까 문학은 과학적으로 설명될 수 있
다. 그러한 설명으로써, 종래에 문학의 창작과 표현을 취
급하는 문학론들을 우리의 이해 범위 밖으로 몰아내던 많
은 신비론들을 분산시키게 될 것이며, 따라서 문학을 어
느 정도 이해할 수 있는 물건으로 만들 수 있을 것이다.

문학을 처음부터 끝까지 과학적으로 설명하고 처리할
수 있다고는 물론 생각치 않는다. 문학에서 가장 중요한
작가의 개성과 천재 또 거기에서 나타나는 작품의 특이성
은 과학적으로 설명할 수 없다. 과학적으로 설명할 수 없
는 것은 우리가 직접으로 체험할 수 밖에 없다. 그런 의미
에서는 과학으로서의 문학연구라는 생각은 포기할 수 밖
에 없다.

둘째로 문학의 과학적 설명이 만족할 만한 성과를 얻으
려면 보조과학들—그 중에서도 특히 심리학과 언어학의
힘을 빌려야 하는 데, 이 두 학문이 다 아직도 미원성의 상
태에 있다. 이 책에서는 제임즈와 리챠아즈와 듀이의 심리
학[xxxi]이 채용 되었지만, 그들의 심리학 자체가 허다한 미해
결의 문제를 남기고 있다. 언어학 분야에 새로 등장한 의

[xxxi] William James: *Psychology*, 1887; John Dewey: *Art as Experience*,
1934; I. A. Richards: *Principles of Literary Criticism*, 1924.

미론은 우리에게 많은 희망을 던져주지만 그것이 문학의 비평과 연구에 어떤 실질적인 기흥(奇興)을 하려면 아직도 상당한 시일을 요하리라 추측된다.

과학적으로 설명한 수 없는 문학의 비합리성과 특이성은 크로오체가 말하는 역사적 방법[xxxii]으로써 어느 정도 포섭될 수 있다. 일례를 들면 문학의 기능에 대해서 각시대가 교훈설과 쾌락설의 양극단 사이를 거의 주기적으로 방황해 온 것을 보는데, 이러한 문학적인 운동과 반동에 나타나는 리듬 그 자체가 문학의 본질을 말한다. 이 문제에 대해서 어느 한쪽으로 고정하는 일반론을 세울 수는 없다. 그러한 현상은 역사적 설명으로써 이해시킬 수 있다. 이 책에서는 그런 의미에서 자주 역사적 설명을 채용한다.

위에 열거된 정의들로 말미암아 문학의 이념이 밝아 지기는커녕, 도리어 많은 문제들을 제출하여 더욱 혼란을 일으켰을는지도 모른다. 그렇지만 저의의 사명은 사색의 출발점을 제공해 주는 동시에 문제의 소재를 지적해 주는데 있지 않을까? 우리는 여기서 제출된 혹은 암시된 문제들을 다 고찰하고 난 뒤에 다시 정의로 돌아올 것이다.

[xxxii] Benedetto Croce: *History: Its Theory and Practice*, 1921.

Note

I have transcribed this essay from Ch'oe Chaesŏ, "문학의 이상" ("Munhak ŭi isang"; "The Idea of Literature"), 문학원론 (*Munhak wŏllon; Literary Theory*), Ch'unjosa, 1957, pp. 1–16.

About the Editor

Travis Workman is associate professor in the Department of Asian and Middle Eastern Studies at the University of Minnesota, Twin Cities. He is the author of *Imperial Genus: The Formation and Limits of the Human in Modern Korea and Japan* (2015).